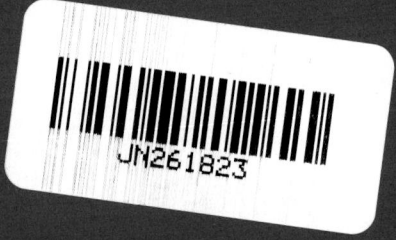

いつもお客が集まる飲食店が実行している接客サービス

大評判の居酒屋・レストラン・焼肉店・カフェの
接客スタッフ強育法を大公開

旭屋出版

いつもお客が集まる
飲食店が実行している
接客サービス

CONTENTS 目次

※掲載している各店の営業時間、定休日、電話番号などのデータは、平成24年5月現在のものです。

似た内容の接客サービスをしてなぜ、魅力に差が出るのか。

接客サービスに力を入れる飲食店が増えている。他の店で実施していることをマネて、「いい接客」を積極的に取り入れようとする飲食店も増えている。

たとえば、会計後、店の外まで出てお客をお見送りをする接客。誕生日のお客にスタッフが集まって歌うサービス。冬の時季、帰るお客に携帯カイロを渡すサービス、などなど。同じような接客サービスを実施する飲食店は増えた。

そんな似た内容の接客サービスを実行しても、現実には好感度に差がついている。

初回は、「ここまで、お見送りしてくれるの!」「カイロまでくれるんだ!」と、驚きを与えられる。その驚きは、うれしさにつながる驚きだが、２回、３回と経験すると、お客は驚かなくなるもの。マンネリ化だ。しかし、一方で、同じことを続けてマンネリ化しないで、喜ばれ続ける飲食店がある。

やはり、他店をマネた接客サービスをする店は、マネたやり方しかできないのでマンネリ化しやすい。自ら考えた接客サービスを実行する店は、接客スタッフが成長し、“次”を考えていくのでマンネリ化しない。本書で紹介する7社には、このことが共通している。

お客が集まる飲食店には、「いい接客」が生まれる仕組みが！

「いい接客サービス」のアイデアであっても、それをマネた店は、マネた以上のことはできないことが多い。マネたことがマンネリ化したとしても、それを打開するアイデアが出せない店が多い。また、マネたアイデアの先へ進むこともできない店が多い。結局、また、別のアイデアをマネることになりやすい。

一方、「いい接客サービス」のアイデアを自ら考え出した店は、そのアイデアを修正することができる。そのアイデアの延長として、次のアイデアも生まれやすい。微妙な修正をし、成長している。

つまり、似た内容の「いい接客サービス」をしても差がつくのは、その先の「もっといい接客サービス」を創造できる「仕組み」を持っているかどうかにかかっている。

本書で紹介する７社は、この「仕組み」を持っている点が共通している。「もっと喜んでもらう接客サービス」を考える習慣がスタッフにあり、それを実行に移す取り組み方を持っている飲食店は、接客力も高くキープするのだ。

携帯電話やパソコンを活かし、多店化しながら接客力を上げる店も。

↓

お客の顔と名前を覚え、好みも覚えて接客する。また、「このお客様はいい常連になってくれる」と判断したら、特別なおまけやサービスをする。こうした接客サービスは、経営者が店に毎日立つ個人店だからできたことだった。経営者が、いわゆる顧客情報を覚えていって、“新しい”サービスを実行していく。経営者そのものが、「いい接客サービス」を創造する仕組みになっているのが個人店の大きな魅力であり、多店化する飲食店ではマネできないことだった。

多店化する店では、各店、スタッフ全体の接客レベルを均一にすることを大切に考え、これまでは、接客マニュアルを守ることに重点が置かれてきた。

しかし、多店化する飲食店でも、接客レベルを上げる取り組みをする店が目立ってきた。スタッフ全体の接客レベルをアップさせることで均一化をはかる。接客力が向上していく仕組みづくりに取り組んでいる。

その取り組みのため、アルバイト・パートの人の声を集める流れをつくる工夫や、パソコン、携帯電話、メールなどのツールを活用してスタッフ間の情報共有を上手に迅速にしているのも、本書で紹介している７社に共通している。

「いい接客」が生まれ続ける源には、店や仕事への誇り、あこがれが！

「いい接客サービス」を維持するには、少しずつ接客スタッフが成長していくことが大切になる。「新しい接客サービス」をつくり出すには、それを意識し続けることが大切だ。月１回の会議の場だけで考えて、「新しい接客サービス」のアイデアや工夫はなかなか生まれない。

つまり、接客力の向上のために、継続的に実行する取り組みと、習慣的に考えられる環境づくりが大切になる。

接客力というと、会話や気配りのテクニック面を主にとらえがちだが、本書で紹介した７社は、接客力＝人間力と、広くとらえていることも共通している。

人間力を育みながら、スタッフが、接客の仕事への誇り、店のスタッフの一員としての誇り、飲食店のプロとして見られる自覚を、本書で紹介する７社は育てている。この基盤があるから、接客力がレベルアップする仕組みが上手くまわっている。

これらをふまえた上で、いま評判の飲食店がどのように接客サービスのレベルアップに取り組んでいるかを読み取っていただきたい。

株式会社MOTHERS

全ての判断基準は、お客様の笑顔。

株式会社
MOTHERS

スタッフ全員で「心からのおもてなし」という
企業理念を共有し、
誇りを持って働ける環境づくりにも
着手することで、
お客の笑顔と喜びを生み出している。

東京・多摩地区を中心に、イタリアンレストランなどを展開し、連日多くの女性客を集めているのが、㈱MOTHERSだ。

代表取締役の保村良豪氏は㈱グローバルダイニングを経て、25歳の時に独立。2001年、東京・東大和にイタリアンレストラン『MOTHERS』をオープンさせた。以後、2003年には立川南口に『レストランMOTHERS』、2005年、立川北口に炭火創作イタリアン『MOTHERS ORIENTAL』を次々と出店。2009年に国立に『Kunitachi Tea House』、2011年には吉祥寺に『Trattoriae Pizzeria MOTHERS』を、そして2012年、最新店舗となる『PIZZERIA NAPOLETANA CANTEAR』を立川南口にオープン。現在、直営６店舗、運営委託２店舗と紅茶販売の㈲meetsを展開している。

心からのおもてなし

↓

さりげない気配りの積み重ね

『MOTHERS』のメニューは店舗によって若干異なるが、伝統的なイタリア料理を中心に、ナポリ直輸入の薪窯で焼き上げる本場仕込みのピッツァ、モチモチの手打ちパスタ、旬の有機野菜を使ったサラダ、自家製ドルチェなどを提供。全体の8～9割を女性客が占め、平日はランチを楽しむ主婦、夜は仕事帰りのOLやカップルが多く、週末は家族連れなどでウエイティングが出るほど賑わう。その繁盛ぶりは月商にも現れ、『MOTHERS ORIANTAL』は50坪・75席で1600万円、『Trattoriae Pizzeria MOTHERS』は50坪・60席で1500万円など、景気の冷え込みが続く中で好調を維持し、着実に業績を上げている。

同社の好調を支える要因は、女性客の心を読んだ店づくりにある。都心から離れた場所にあって、本格イタリアンと上質なサービスをカジュアルに楽しめるコストパフォーマンスの高さが､女性客の心をしっかりと掴んでいる。

接客面では、「私達の全ての判断基準は、お客様の笑顔である」を保村社長は会社の軸として掲げている。「心からのおもてなし」を念頭に置いて、心づかいが感じられる接客サービスを実行し､多くのお客を笑顔にしている。

では､実際にどのような接客サービスを実行しているか､具体的なオペレーションに沿って一例をご紹介しよう。

まず、お客の出迎え。

ドアを開けた時にスタッフが誰も気づかないことのないよう、入口には常に気を配り、できるだけ一目でよい印象を与えられるスタッフを入口に配置する。出迎えの際には、お客の動作を妨げないように配慮。お客がすでに扉を開けようとしていたら、スタッフは扉の内側で一歩引いて迎え入れる。お客がまだ扉の前まで来ていなければ、スタッフは扉を開いて迎え入れる。ほ

入口には常に気を配る

お客を出迎えることを非常に大切にしている。ドアを開けて出迎えるし、お客がすでにドアを開けようとしていたら、ドアの内側で一歩引いて出迎える。店に入ってお客が従業員を探すということが起きないよう、入口には気を配る。

「さりげなく」を日々練習する

出迎えから着席まで、自然な流れの中で「おもてなし」の姿勢をきちんと表す。座りやすいようにイスを引く。手荷物を置くカゴを差し出す。その手荷物にはナフキンをかける。

んの小さな気づかいだが、第一印象としてお客の心に残る。

テーブルに通してから着席まで。バッグや手荷物を入れるカゴを用意したり、さり気なくイスを引いたりはもちろんのこと、混雑していて入口に近い席しか空いていない場合は、「入口に近いお席で申し訳ございません」と一言添える。もし冬場で寒い場合は、ブランケットを使ってもらう。空いているイスに置いた手荷物にはナフキンをかける。

こうした**レストランの基本接客サービスを、一連の流れの中で“さりげなく”行うのがポイント。**マザーズで「黒子のような接客サービス」と表現するように、スタッフのさり気ない心くばりが感じられるおもてなしを散りばめることで、女性客の心をグッと引き寄せているのだ。

接客の指針

出迎え時から好感度を積み重ねる

感謝を表す接客

↓

常に編み出す姿勢

㈱MOTHERSが掲げている「私達の全ての判断基準は、お客様の笑顔である」というモットーの基準を上げるためにはどうすべきか常に考え、「こうした方がもっと喜んでもらえる」という接客サービスを自分で編み出して、それを実践している。

たとえば、女性２名のお客はパスタなどの料理を取り分けながら食べる光景がよくみられる。そこで、注文を受けたときに「よろしければ、半分ずつ分けてお出しすることもできますが」と提案し、最初から注文のパスタを２つの皿に分けて提供する。こうした、お客の“Wao!”という喜びの表現をたくさん引き出すためのパフォーマンスも、好感度をアップさせる秘訣だ。

他にも、冬場のウエイティング客には携帯カイロを配る。逆に暑い日ならアイスティーをサービスする。雪の日に来店したお客には「お寒い中、ご来店いただきありがとうございます」と、料理の始めに温かいスープをサービスする。予約を入れていたのに少し待たせてしまったお客には、ビールを一杯サービスする。こうした、一歩進んだサービスも、マザーズではごく日常的に行われている。

「お客様に対して感謝の気持ちを表すサービスなら、原価などを気にせず、自分たちで考えてどんどん実行しなさいと言っています」という保村社長。

売上アップのために、街頭で割引券を配ったり、「毎週月曜日は10%オフ」といった販売促進をするのは、レストランとしての価値を下げてしまう。そうした方法の販促ではなく、もっと店からの感謝の気持ちや心づかいを感じてもらえる販促を実践するのが、マザーズの目指す基本姿勢だ。

そうした、おもてなしの気持ちがスタッフ全員で表せているかどうか、同社では独自の判断基準で図っている。

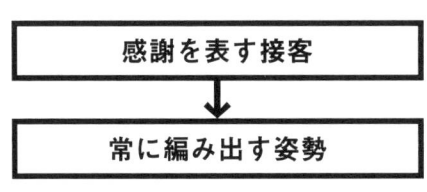

同社が最重視するのは、“お客が入口を入った瞬間”。
お客が店へ入ったとき、スタッフの「お客様を迎え入れよう」という気持ちが店内にあふれているか。おもてなしの気持ちが感じられる空気感があるかどうかは、入った瞬間にわかるものだという。

そのおもてなしの姿勢の有無は、店の清掃状況や置いている植物を見ればすぐに判断できるという。**モチベーションの低いスタッフが働く店は、店に興味がないから清掃が手抜きになり、植物の手入れもしなくなる。**モチベー

店頭の植物が迎える気持ちのバロメーター

枯れた観葉植物が店に置いたままであることは、その店で働く人の姿勢も表すもの。逆に、店の植物の手入れもきちんとしている、そういう部分にも気がまわる店、そんな余裕がある店は、接客のモチベーションも高い。各店に植物をいろいろ置いて、「その店のモチベーション」を見るポイントにもしている。

ションを図るバロメーターの役割もあって、同社では全店に植物を置き、店の清掃状況とともに常にチェックしている。

　また、**「お客様のひと口目を見逃すな」というのも大事なポイント。**料理を食べたひと口目。「おいしいね」というようにお客同士が目を合わせて微笑んでいるか。それとも互いに「おや?」という微妙な表情をするか。食事が開始したひと口目は、おいしさの有無が表情に出やすいからだ。

「ひと口目の反応」を見逃さない

一組一組のお客に対して、緊張感を持って接客サービスに当たる。そのために、お客の「ひと口目」をチェックする。「味への反応」が出やすいから。また、最初の乾杯のときも、要チェックする。「乾杯！」でなく「おめでとう！」という掛け声だったら、タイミングを見て、「何のお祝いなのですか」と聞いて、その後の接客サービスに対応する。

接客の指針

モチベーションをキープ

株式会社
MOTHERS

5つの客層を想定

↓

注文時の提案パターン

同社では「心からのおもて」を軸にした上で、一歩進んだサービス、時代に合ったサービスとは何かを模索し、積極的に取り組んでいる。

その一つが、お客のニーズに合った接客法としてチャレンジしている「5つのオーダーテイク」だ。

マザーズの客層は、若い女性、主婦、カップル、老夫婦、家族連れの5つに、ある程度固定されており、**5つの客層に合ったメニューの提案をすることで、よりお客に喜んでもらおうという取り組みだ。**

家族連れならボリュームのある料理をスピーディーに。カップルなら少々単価が上がっても満足度の高い料理を。女性同士なら、決められた価格帯の中でたくさんの種類の料理を。客層のニーズを把握した上で、ニーズにあったメニュー提案をする。

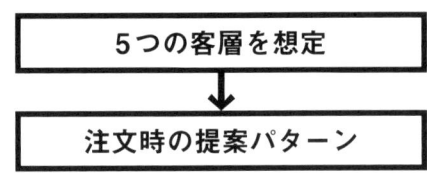

たとえば、ワインの勧め方を例に挙げてみよう。女性2名で来店した場合。女性同士の来店では、なるべく安く上げたいと思っていることが多い。そこで、2000円、3000円、4000円の３種類のワインを客席に持っていき、それぞれのワインの特徴を説明するが、あえて一番安価な2000円のワインを注文しやすいようにトークで仕向ける。

「この4000円のワインはビオワインでクセがなく飲みやすい、いま流行のワインですが、2000円のこちらのワインでも十分お楽しみ頂けますよ」と勧め、「それなら、2000円のワインでいいわ」と言いやすいように仕向ける。これが、「いま飲むなら、やっぱり4000円のビオワインですよ」などとお勧めしてしまうと、高い方のワインを注文せざるを得なくなり、苦い印象が残って次に来店してくれなくなってしまう恐れもある。これはカップルの場合も同じ。男性がミドル世代なら4000円を勧めてもよいが、明らかに若い男性ならば、

キッチンも連動したサービスを

女性が３人で来店したとき、別々のパスタを注文しても、食べるときは分け合うことも多い。そこで、注文を受けたときに「よろしければ、３種類を１皿ずつに盛り合わせてお出しできますが」と提案する。キッチンでは、盛り合わせ用の皿を用意し、３種類を同時に盛り付けて対応する。

同じように2000円を注文するよう仕向ける。

こうして、お客それぞれにとってのバリューの提案ができるよう、ロールプレイングでシミュレーションしながら実行できるよう努めている。

客層によって安いほうをすすめることも
お手頃値段ですが、飲みやすさでは、おすすめです

若い女性同士、主婦同士、カップル、家族連れ、年配夫婦の５つの客層に合わせて、「おすすめ」の内容を変えている。主婦同士の利用は、予算を抑えたい気持ちがある場合が多いので、ワインも安いほうを選びやすいすすめ方をする。

接客の指針

喜んでもらえたことは、他のお客にも

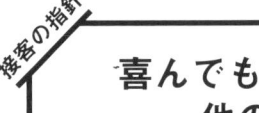

「聞く」接客の重視

↓

まわりがフォローする

もう一つ、同社が最近になって意識して始めた接客のキーワードに「聞く接客サービス」というものがある。「この料理がお勧めですよ」とこちらから強く働きかける接客サービスも一つのスタイルとしてあるが、保村社長は今の時代、**相手の話を「聞く」姿勢の方が重要ではないかと感じている。**

お客の話をまずは聞く。そして見る、感じる。そうすると自ずとお客それぞれのニーズが見えてくる。そのニーズに対してできることを、スタッフは考える。そこに、与えられた形を表現するのではなく、自分なりのやり方が出てくる。

この「聞く接客サービス」の発展形として始めた接客サービスが、「お客様を掴みに行くサービス」だ。

同店は、特に週末になるとウエイティングが出るほど忙しくなるため、いつしか回転を速くすることばかり優先するようになり、お客との会話がおざなりになることが多いと感じるようになった。だが、それではお客の中で店が印象に残っていかないということに気づいたという。東日本大震災以降は特に、人とのコミュニケーションを大切にする人が増えている。そこで、「忙しいからといってお客との会話をなるべく切らず、話を聞いて心を掴みにいこう」ということを心がけるようにした。

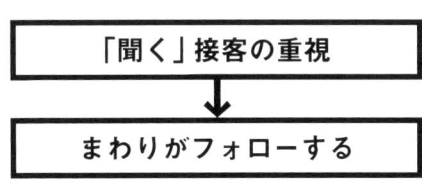

ただし、一つのテーブルのお客と長く話していると、どうしても他のテーブルへの接客サービスが行き届かなくなる。そこで、もし一つのテーブルで1分、2分と会話が続いていたら、「なるべくスタッフみんなで他のテーブルのフォローに回ろう」と話している。

保村社長は、「以前は、お客様との話が長いとテーブルが回らないので、絶対的に悪いととらえていました。それはうちだけでなく、飲食業全般の考え方だと思います。そこを一から考え直して、ちょっと変えてみようとしているところです。接客サービスも時代で変わっていて、昔はスマートな接し方がよいとされていた時代もあったけれど、今は“心が通う接客サービス”が求められていると思う。だから、**“会話でお客様を掴もうとしているのだから、みんなでフォローに回ろうよ"**という考え方を取り入れてみたのです」と話す。

もちろん、これはケースバイケースであり、スタッフの力量によってできない場合もある。でも、チャレンジを始めてから、効果は少しずつ売上げにも表れ始めているという。

「この取り組みで、接客サービスの原点に戻ったような気がした」と保村社長が言うように、単純なことだが、昔の飲食店には気さくな会話があり、それをお客も喜んでいた。心の通った自然体の接客サービスは、昔は誰もがやっていたこと。今また、そうしたニーズが高まっていると考えている。

他と同じことをしていては、生き残っていけない今の時代。他の店から脅威の存在と思われるようなことをやらなければと、この取り組みを進めている。

接客の指針

お客様との会話の場もつくる

「聞くサービス」に周りがフォローする

バッシングした皿を持ったままお客と会話をしているスタッフがいたら、さっと横から手を差し出して皿を受け取って代りに下げる。忙しいからと、お客との会話を中断しなくていいよう、また、お客との会話で他の作業がとどこおることがないよう、周りがフォローし合うことにしている。

食べ歩きの勉強会
↓
変化するための材料に

こうした接客サービスを実践していくために、同社では日頃からどのような取り組みを行っているのだろうか。

効果を上げている一つの取り組みに、月3回実施している「勉強会」がある。これは、全店のマネジャー、アシスタントマネジャー、シェフをそれぞれセクションごとに3グループに分け、保村社長とともに1ヵ月に1日ずつ、様々な店へ視察の目的で食事をしに行くというものだ。

「いま話題の店や口コミで人気の店、人から紹介された店などの情報を集め、みんなで実際に食事をしに行きます。**そこで体感した良い接客サービスは、マネしてどんどん取り入れていこうという取り組みです」**という保村社長。

自分の店でこの接客サービスを実践したらどうなるか。ディスカッションしながら、1日で様々な業種の店を5軒も食べ歩く。現状の繁盛店はコストパフォーマンスが集客要素の大部分を占める店もあるが、しっかりその店を体感した上で、接客面で「おもてなし」について取り入れることができるものは取り入れる。

「勉強会」はセクションごとに行うので、選ぶ店の傾向も決まってくる。マネジャーたちと行く店は接客サービス面で評判のいい店。アシスタントマネジャーのときは若いスタッフが元気に働いて回しているような店、シェフのときは料理のレベルが高い店、といった具合。それぞれが自分の仕事と重ね合わせて、客観的に仕事ぶりを観察する。

たとえば、アシスタントマネジャーとの勉強会では、「自分がマネジャーになったときにどういうアシスタントが欲しいか?」という議論になり、結果として「自分たちアシスタントの役割として、もっとこうするとマネジャーは喜ぶよね」「チームはこうやってつくったらどうだろう」といった話になる。

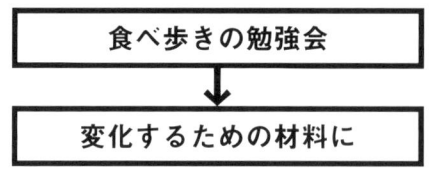

同じ立場の人の働きぶりを客観的に見ることで、自分がどうあるべきかを学ぶことができる。

シェフとの勉強会の場合は、「なぜ同じ野菜でも、この料理はボイルしていてこちらの料理はグリルしているんだろう?」という指摘から始まり、自分の発想になかった調理のアイデアが生まれ、次回の新メニュー試食会のヒントにもなる。

「勉強会」の前には店でショート会議を行い、行く店の概要や視察のテーマなどを確認し合う。この「勉強会」によって、短期間でも接客サービスや料理の質は格段に上がるという。本来であれば、休日などを利用してスタッフが自分で食べ歩き、勉強しに行くべきところだが、保村社長は「養う家族のいるスタッフが自腹で食べ歩きをするのは現実的には難しいので、我々は未来への投資と考え、食事代は店の利益から出そうという考えです。会社としての利益は上がらなくても、投資した分、おそらく損益分岐点を超えてから効果が発揮できるととらえています」と話す。

他店を実際に体感して歩くことで、何をすればお客が喜んでくれるかが見えてくる。それを知った上で改善して、自分たちもいい方向へ変化し続ける。**進化し続けることで、クリエイティブな部分を磨いていく。**この習慣づけがあれば、スタッフがいつか他の店へ移ったとき、独立したときにもきっとやっていけると、保村社長は考えている。

接客の指針

仲間と一緒に他店を見て勉強

株式会社
MOTHERS

擬似接客で日々学ぶ

↓

試食や賄いの時間を活用

もう一つ効果を上げている取り組みに、月5回行う「新メニュー試食会」がある。これは、店舗ごとにチームを組み、あらかじめパスタ、サラダなど料理別に6品ずつ新メニューを開発させ、試食会で作らせるというもの。全店で取り組むため、パスタだけでも30種類以上が並ぶ。メニュー開発は各店でやるより全店で取り組んだ方が、より優れたメニューを選ぶことができるという発想で始めた。

メニュー開発に当たっては、“自分の料理"を誇示するのではなく、「一番よいメニュー、ベストなメニューを提供しよう」という観点に立って考えてもらう。**試食会を頻繁に行うのは、与えられた料理をただ習慣で作っているだけでは、頭も腕もクリエイティブになっていかないためだ。**試食会を短い間隔で行うことで、調理スタッフは常に新たなメニューを考えるようになり、切磋琢磨していくうちに、技術もモチベーションも目に見えて向上していく。

その効果を、日々の賄いの中でも確認できるようにしている。同社では、通常の賄い料理にプラスして、**若い調理スタッフに実際にメニューにあるものを順番に作らせ、賄い料理としてみんなで試食をしている。**メニューづくりの練習のためだが、本人も実際に食べることで味を確認でき、また他のスタッフもどの人が伸びているのかチェックできる。

たとえば、まだ経験の浅い調理スタッフにカルボナーラを作らせる。「この人を満足させるカルボナーラを作ろう」と思ったら、絶対おいしくできるはずで、それは料理が出てきて盛り付けを見た瞬間にわかるという。もし、気持ちが入っていないものが出てくれば、そこですぐに注意を受ける。新人に限らず、調理スタッフのモチベーション次第で、いつも出している料理が変わってくることもある。そうしたブレを未然に防ぐため、ホールスタッフ

賄いの
ときも、
練習タイムに
生かす

賄いは、単なる食事の時間にはしない。作る人は調理、盛り付けを確認してもらう機会に。分ける人はサーブする練習の機会に。賄いで店のメニューを食べて、おすすめするときの言葉を考える機会にもする。

は提供前に料理をチェックし、**「私達は商品ではなく安心を提供します」**という理念に沿ったものをいつも提供できるよう努めている。

一方、**ホールスタッフは、アイドルタイムを利用して毎日のように接客のロールプレイングを行いう。**スタッフ同士、お客の役、店員の役に分かれ、いろいろな接客場面を練習する。

同社には接客マニュアルがないため、ロールプレイングは接客サービスをスタッフ全員で確認し合うための大切な位置づけだ。前述のような「5つのオーダーテイク」を始め、スタッフには「言葉のニュアンスを変える接客」にも挑んでもらっている。

「入ってきたお客様に対して唐突に“ご予約の方ですか?"とは聞くのは、予約ではない方に失礼に当たります。予約を入れていれば、お客様の方から告げるはず。ですから、“ご予約の方ですか?"ではなく“こんにちは"から入るといったことです」と、保村社長。同様に、接客中によく耳にする「空いた皿をお下げしてよろしいですか?」も、「お腹がいっぱいになりましたか?」とニュアンスを変えて話しかける。その方が事務的な感じがせず、好印象を持たれる。こうした気の利いた言葉がけも、お客の役も演じながらの日々の訓練で磨いている。

接客の指針

「お客」の体験から学ぶ

メニューの
試食も兼ねた
賄いに

賄いは、全員そろって。賄いの味のでき、盛り付けのでき、作った人へのアドバイスなど、全員そろっての研修タイムでもある。メニューに出しているものも作り、「お客」を体験する機会にもしている。

アイドルタイムにロールプレイング

アイドルタイムは、接客のロールプレイングを日々する。お客役と接客役に分かれて練習する。練習の中から、「こういう言い方をしたほうがいい」とか、言葉のニュアンスを磨いている。

パートナースタッフの笑顔
↓
社員が褒めて導く

　こうした接客サービスを実践できるスタッフは、どのように育てているのだろうか。

　同社のスタッフは社員、パート・アルバイトも含めて20～30代がメイン。約100名近くいるパート・アルバイトも大切なパートナーととらえ、同社では**「パートナースタッフ」**と呼んでいる。

　スタッフの採用を行う際に最も比重を置くのは、**パートナースタッフも含め「マザーズの企業理念を共有できるかどうか」**だという。面接時には、まず企業としてやりたいことや理念を話し、共感してもらうことを採用のポイントとしている。

　スタッフの採用には重きを置いているため、面接は各店の店長ではなく、パートナースタッフの採用も取締役の近藤孝彦氏が行っている。以前は店長が行っていたが、どうしても店長の好みの人を採用してしまう傾向になり、店のカラーと違ってきてしまう店が出てきたからだという。

「面接のときに、派手な私服の人、ピアスをして来る男性、金髪に染めた女

パートナースタッフ採用面接は取締役が専任

アルバイト・パートは「パートナースタッフ」と呼ぶ。パートナースタッフも、週何日来れるかより、マザーズの企業理念を共有できるかどうかを採用の基準にしている。「気持ちよく働いてもらう」ことを大切にしているので、常識的なことがきちんとできそうでない人は、採用しない。

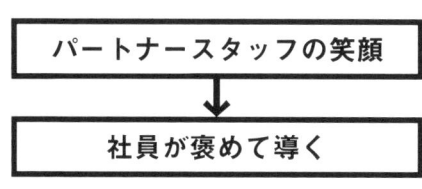

性もいます。また、言葉遣いから始まって、履歴書の書き方一つとっても、一般常識が欠如している人かどうかは、すぐにわかるもの。一般常識を一人ひとりに一から教えていく時間は店にはないので、そういう方は申し訳ないが即座にお帰り頂きます」と近藤氏は話す。こうしたことを徹底してからは、良い人材を採れる確立もだいぶ上がってきた。

特に、いまランチタイムに働いている若い主婦のパートナースタッフたちは、人生の経験値が高く、改めて指導しなくてもレベルの高い接客サービスを実践してくれるので助かっているという。パフォーマンスもあり、就業定着率もいいので、同社にとっては貴重な戦力だ。

パートナースタッフに対しては、「とにかく気持ちよく働いてもらう」というのが同社のモットー。そのためか、店のスタッフはみな笑顔でイキイキ働いている姿が印象として残る。

さっきのお客様も
喜んでいたよ
パートナー
スタッフの
笑顔を社員が
引き出す

パートナースタッフが「出勤するのが楽しい」と思える環境づくりを社員は心がける。その一貫として、褒めて仕事を教える。褒めながら、社会でも役立つことを学んでもらう。

同社では、理念の共有は絶対だが、業務については社員とパートナースタッフをはっきり区別し、責任のある仕事はさせていない。「これを覚えなさい」「売上目標を達成しなさい」といったことも一切いわない。**「社員はパートナースタッフをどれだけ楽しく、イキイキと働いてもらうかも仕事の一つ」**としており、パートナースタッフはとにかく褒め上げる。「スタッフが楽しそうに働いていなければ、その空間にいるお客も楽しくないよ」と常に話し、「人間的に間違ったことさえしなければ、のびのびと働いていただいて結構です」というスタンスで、パートナースタッフが店に来ることが楽しくてしょうがないという環境をつくる。こうした、パートナースタッフが働きやすい環境づくりも、同店のスタッフがイキイキと働いている秘訣である。

その代わり、若いパートナースタッフには、働いてもらっている恩返しとして、店のスタッフでいる間に社会で必要なスキルを身につけてもらう。「人の目を見て話す」「電話は自分の方から切らない」「先輩と待ち合わせするとき、自分は30分前に到着する」など。一つひとつは小さなことだが、保村社長がグローバルダイニングで育てられた経験から、これらのスキルを身につけさせることを実践しているのだという。**将来、この店で働いて良かったと思ってもらいたい。**そして、社会に出ても遊びに来てもらえるような場所にしたいと考えているからである。

接客の指針

パートナースタッフは のびのびと働いてもらう

株式会社
MOTHERS

朝礼前のティータイム

↓

ゆとりで集中力アップ

同社が目指している接客サービスは、ホテルや旅館レベルの質の高い接客サービス。そこで同社では、スタッフのモチベーションを高め、接客サービスのレベルアップに向けた、様々な人材育成の取り組みを行っている。

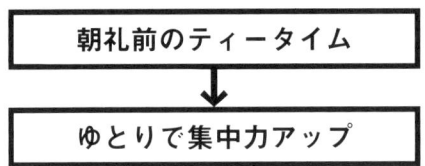

まず、近藤氏がスタッフに徹底させているのが**「30分前行動」。**これは、「30分前には職場に到着して、ゆとりをもって仕事に入ろう」ということを実行させるものである。もし店長が店のオープン間際に駆け込むように出勤し、眠そうな顔で仕事をしていたら、部下は誰もついてこない。だから、常に心にゆとりを持ち、仕事に集中できるよう、**朝に限らず常に30分前に店に着こうと話している。**

そうして生まれたゆとりの時間を活用して各店で実施しているのが、**朝礼の前の「ティータイム」**だ。自社のフレーバーティーを淹れて、バーカウンターで雑談をしながらスタッフみんなでお茶の時間を楽しむ。わずか5～10分程度だが、このひとときによって、心に仕事へ入る前のスタンバイができる。

ティータイムの後には朝礼を行う。その際、**『改善シート』**と呼ばれるものを配り、シートに書かれている事柄を中心に朝礼を進めていく。『改善シート』には、月の接客サービス目標や本日の売上目標、各店で週一回行われるミーティングの議題について、また、昨日の営業での成功例と失敗談や小さな気づきなどが細かく記載されている。

ある日の『改善シート』には、「バッシングに注意!お客様の目の前で皿を重ねすぎ」「お客様のちょっとした声に反応と対応“耳で仕事"」などと書かれている。こうした失敗を忘れないうちに個々で確認しておくことが、スキルアップにつながっていく。その他にも、「新人さんをフォローしてあげよう!」「インフルエンザが流行っているから気をつけよう」といったことをスタッフで確認し合い、最後に必ず企業理念を唱和する。そして、「今日も一日、よろしくお願いします!」と、スタッフ間で握手を交わし、チームとしての志気を高めてから営業に入る。

また、各店舗に用意している**『気づきノート』**と呼ばれるノートの存在も、接客サービス向上に役立っている。

これは、各自仕事が終了した際、今日の良かったこと、良くなかったことなど、気づいたことをスタッフ全員が書き込めるようにしたものだ。

「今日は新人スタッフAさんの声がよく出ていたね」

「まだまだシルバーのノイズが気になるので注意!」

朝礼の前にゆとりの時間を

朝礼の前に、ティータイムを設けている。そろって心を落ち着けてから、朝礼に入る。こうした「ゆとり」をつくるために、30分前に出勤し、集合時間も30分前には準備するルールづくりをしている。

株式会社 MOTHERS

朝礼では改善ノートを配布

朝礼のときに「改善シート」を配る。接客サービスの目標、今日の売上げ目標、各店のミーティングの課題、昨日の成功例と失敗談など、皆で確認をする。

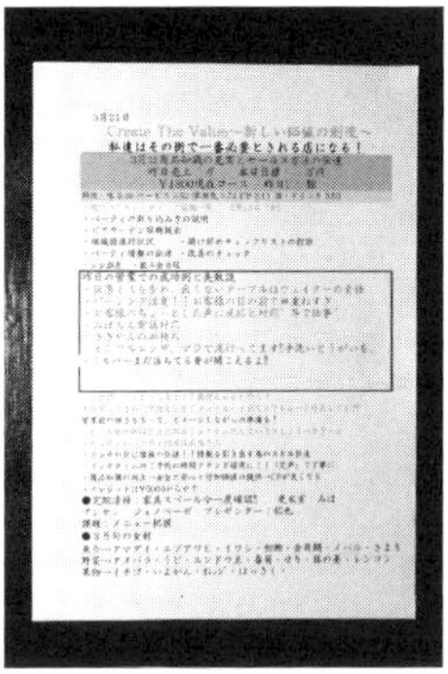

パートナースタッフも含めて、些細なこともどんどん書き込む。他にも、店が紹介されたメディア記事のコピー、最近食事に行って良かった店のショップカードなども貼り、情報交換の場としても活用。自分がお休みの日にあった出来事を把握でき、**スタッフ間のコミュニケーションツール**としても役立っている。

この『気づきノート』は、出勤したら最初に目を通すことにしている。読んだ人はサインし、その後にタイムカードを押すよう徹底させている。

スタッフ同士、ノートで交流も

気づいたことは何でも書いていい「気づきノート」を各店に置く。今日の良かったこと、良くなかったことを書いたり、最近行って良かった店の情報、メディアに紹介された店の記事を貼ったり。毎日このノートにまず目を通すことにして、ノートに書いてあることを「知らない」という人がいないようにしている。

接客の指針

ゆとりを集中力に

個人よりもチーム力

↓

ミーティングを強化

同社の理念に**「飲食店はチームワーク」**というものがある。これを実現するため、大小規模のミーティングを定期的に開催している。週一回の幹部会、月1回の社員ミーティング、月1回のリーダー（店長）会議、月5回の「新メニュー試食会」、月3回の「勉強会」、月3回の「ワイン試飲会」。店舗単位では、各店で行われるハウスミーティング、朝礼、中礼（ディナータイムに入る前の会）と、ミーティングの数はかなり頻繁で、通常業務と平行して行うのはかなりヘビーだ。それでも、スタッフが関わり合いながら一つの目標に向かうという、チームとしての意識を育てるの意味もあり、こうしたミーティングは必要不可欠であると考えている。

同社は40～50坪の大型店舗が多く、店の規模が大きい分、チーム力の強化は欠かせない。15坪、30坪の店で成功を収めたマネジャーでも、50坪の店で結果が出せるとは限らない。30坪ぐらいまでなら自分考えている距離感である程度動かせてしまうが、50坪になるとチームづくりがうまくいっていなければ、スタッフも動いていかなくなるためだ。

そうした意味もあって、同社では**「I」でなく「We」、「個人」よりも「チーム」を優先する。**「自分さえよければ」ではなく、「みんながいるから自分がいる、感謝の気持ちをもって働く」ということを日々スタッフに伝え、信頼を深めることで、チーム力の強化を図っている。

保村社長がスタッフ間の信頼関係をうまく築くために、マネジャーたちにいつも話していることは「それぞれのスタッフを愛してください」ということだ。

「愛情がなければ人はついてこない。この人と働きたい、この人のために働きたいと思わせるようなマネジャーでなければ、スタッフは辞めていきま

チームの力を高めるための朝礼

朝礼が終わったら、握手をして持ち場につく。伝達事項を各人に伝えるだけが朝礼の目的ではなく、各人で確認することを確認し、チームのまとまりを高めるのが朝礼の役割でもある。

す。この人と働きたいと思われるためには、スタッフを愛して興味を持ってあげないと、みんなただ働いているだけで面白くなくなってしまう。マネジャーには、自分はみんなの生活を支えている、一家の長であるという自覚を持ってほしいのです。だから、ちょっと照れくさいかも知れませんが、スタッフを愛してくださいと話します」。

アルバイトが辞めるのは「店長が話を聞いてくれない」「自分の居場所がない」といった、案外子どものような理由であることが多いという。だから、「出身地はどこ?」「好きなスポーツは?」など、ささいなことでいいので関心を持って話しかけるようにする。アルバイトに無関心で、ただ仕事だけさせていたら、辞めてしまうのも無理はない。逆に人が辞めないのは、チームの一員になったという意識が生まれるからだ。**チームの輪に入って、チームの一員として認められると、人は教わることも楽しくなっていくものである。**

やり方は人それぞれでいい。賄いの時間になるべく会話をするマネジャーもいれば、仕事が終わってアルバイトと飲みに行くマネジャーもいる。これは教えなくとも、各自でやりやすい方法でコミュニケーションを取るよう話している。

接客の指針

チームの輪を強くする

株式会社
MOTHERS

MOTHERS 立川南口店

住所：東京都立川市柴崎町2-2-1　KSビル1階
TEL：042-525-6236
営業：ランチ　月曜日～金曜日11時30分～15時30分（ラストオーダー15時）　ディナー　月曜日～木曜日18時～24時（ラストオーダー23時）　金曜日と土曜日18時～1時（ラストオーダー24時）　日曜日・祝日11時30分～24時（ラストオーダー23時）　無休

MOTHERS 吉祥寺店

住所：東京都武蔵野市吉祥寺南町1-15-14
グランドメゾン吉祥寺
TEL：0422-26-8050
営業：ランチ11時～15時（ラストオーダー14時30分）　ディナー17時30分～23時30分（ラストオーダー　フード22時30分、ドリンク23時）　無休

MOTHERS ORIENTAL

住所：東京都立川市曙町2-8-5
シネマシティ1階
TEL：042-528-0855
営業：ランチ11時～15時30分（ラストオーダー15時）　ディナー18時～24時（ラストオーダー23時）　無休

MOTHERS 東大和店

住所：東京都東大和市南街5-90-9
小菅ビル1階
TEL：042-590-5353
営業：ランチ　月曜日～土曜日11時30分～15時（ラストオーダー14時30分）　ディナー　月曜日～土曜日17時～24時（ラストオーダー23時30分）　日曜日・祝日11時30分～22時（ラストオーダー21時30分）　無休

PIZZERIA NAPOLETANA CANTERA

住所：東京都立川市柴崎町2-2-1　KSビル1階
TEL：042-525-6290
営業：ランチ　月曜日～土曜日11時30分～15時（ラストオーダー14時30分）　ディナー　月曜日～土曜日17時30分～24時（ラストオーダー23時）　日曜日・祝日11時30分～22時（ラストオーダー21時）　無休

TACHIKAWA BARU

住所：東京都立川市曙2-12-1　曙ビル1階
TEL：042-521-5200
営業：月曜日～金曜日11時30分～14時30分（ラストオーダー14時）　土曜日・日曜日17時30分～2時（ラストオーダー1時）
無休

GORAKU SHOKUDOU

住所：東京都立川市曙町2-12-1　曙ビル1階
TEL：042-521-5201
営業：ランチ　平日11時30分～15時（ラストオーダー14時30分）　ディナー　平日17時～24時（ラストオーダー23時30分）　土曜日11時30分～24時（ラストオーダー23時30分）
日曜日・祝日11時30分～22時（ラストオーダー21時30分）　無休

Kunitachi Tea House

住所：東京都国立市中1-14-1-1階
TEL：042-505-5312
営業：11時～20時（ラストオーダー19時）
無休

PORCINI

店のことを忘れないで、ときどき思い出して！

「常連客を大切にし続ける」ことを
重視する『PORCINI』。
基本的な個人データから前回来店した際の
同伴者や会話の内容までをもスタッフ全員で
共有し、接客サービスに反映させることで、
親密度の高い接客を行う。
新たな常連客も次々と増やし続けている。

熱気と活気、笑い声にあふれ、ノリの良いスタッフとお客の会話はまるで漫才さながら。連日満員御礼の人気で賑わうのが、大阪・福島の路地に展開する『PORCINI』グループだ。

同グループは200３年９月に食堂業態のイタリアン『TAVERNA PORCINI』をオープン。大阪・キタの中心地からややはずれ、それまで中高年男性客をターゲットにした店が多かった福島エリアに、若い層や女性客を呼び込み、街の成長に貢献した一軒として知られる。

そして2006年６月にはバール業態の『BAR PORCINI』を、２010年４月にはパン専門店の『PANE PORCINI』をオープン。全店、同じ路地沿いに建ち並び、なかでも食堂とバールは向かいに位置する。

PORCINI

常連になりたいと思わせる

↓

お客の名前を全員で覚える

安くて美味しい料理に加え、トラットリアが満席だった場合はバールに案内したり、バールには無いメニューをトラットリアからデリバリーできるなど、２店舗が連動するフレキシブルなサービスも『PORCINI』の人気の理由だ。その売り上げは、14坪26席の食堂と13坪36席のバールを併せ、月商1300万円。パン専門店の『PANE PORCINI』も大盛況だ。

そんな繁盛店におけるいちばんの人気の理由。それは普段のスタッフの発言のなかに潜んでいる。

例えば、常連客が店に足を運ぶと、次々とスタッフから声がかかる。

「いらっしゃいませ、○○（お客の名前）さん！」

料理をサービスする際も

「前菜盛り合わせ、○○さんテーブル上がりました！」

別のお客へサービスする際に、狭い空間を通る時さえも

「○○さん、すみません。後ろ通ります」と親しみを込めてお客の名前を呼ぶ。これらの発言は全て、別のスタッフによるものだ。つまり**スタッフ全員が、お客の顔と名前を一致させ、共有して認識。**週に何度も利用する得意の常連客ならば不思議ではないが、月に1、２回しか来店しないお客でも、過去に5回ほど来店したことがあるお客にはこの調子で対応している。

そんな接客サービスを体験したお客からは、「久しぶりに来たのに、スタッ

フ全員が名前を覚えてくれていたことに驚いて感激した。また行きたい」という声が上がる。

　このような接客サービスを仕掛るのは代表の中谷信裕氏。接客で最も重視していることは「常連客を大切にすること」だと話す。

接客の指針

常連客の名前を覚える

段階的な顧客アプローチ

↓

スタッフ全員の「常連客」に

自身の取り組みをして「特異なこと」だという中谷氏。数ヶ月ぶりに来店したお客の顔を、スタッフ全員で共有し、お客の名前を呼んでもてなすことができる種明かしはこうだ。

まず、5～6回来店してもらい、店を気に入ってくれたと見たお客には声をかけて**「PORCINIお客様カード」**に記入してもらう。カードの項目は

●名前

●住所

●電話

●携帯メールアドレス

「ポルチーニからおもしろいメールを送ってもいい？」と書いたメール送信の可否

●誕生日

「お客様カード」に書いてもらえば、受け取ったスタッフがカメラでお客を記念撮影。その情報と撮影した写真は営業後、web上の専用フォーマットに入力する。さらに、写真は承諾を得たお客のみHP上の『Today's タヴェルナ』『Today's バール』という、各日訪れたお客を紹介するコーナーに、お客へのメッセージを添えてアップする。

顧客データ上では、個人データはもちろん、足を運んでくれた理由や趣味、仕事、オーダーした食事内容、食材の好き嫌いなど、来店時に会話して得たパーソナルな個人情報も登録。その日誰と一緒に来店したかなど、同伴客の情報まできちんと入力して管理する。

そして同じお客が再び訪れる際に、予約の名前からデータを検索。お客が店に到着する前に、中谷氏や店長がお客の顔写真を含めた顧客情報を、全ス

何度か
来店したお客
には、お客様
カードを

５〜６回来店してもらったことがあり、コミュニケーションをとったと判断したお客に、「お客様カード」を書いてもらう。「ポルチーニを気に入ってもらった」と判断したお客にだけ「お客様カードを書いてもらう。

お客様の
写真を
ホームページ
にアップ

お客様カードを書いてもらったら、記念撮影を。了解が得られたらポルチーニのホームページにアップする。

お客様
情報を
パソコンに

お客様カードの情報はパソコンに入力。以後、会話を重ねるごとにわかった趣味の話や、よく注文するお気に入りメニューのこと、一緒に来る同僚の人のことなど、わかったことを足していく。

第１回目
BOXに
お客様
カードを

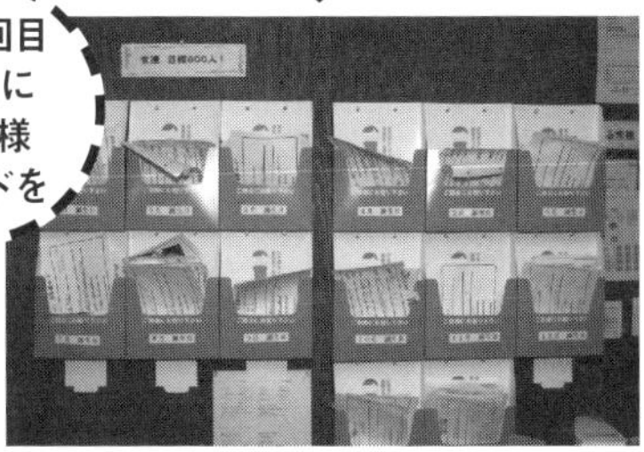

データ入力を終えたお客様カードは、「第１回目」のボックスに。ここに入れられたお客に、来店のお礼のハガキを出す。ハガキを出したお客のカードは「第２回目」のボックスへ。(52ページの写真に続く)

タッフの携帯電話に一斉送信することで、お客の名前と顔、パーソナルデータがスタッフ間で共有されるというシステムだ。また、たとえお客が突然来訪しても、各スタッフの携帯電話からデータにアクセスできるようになっており、営業中でも顧客情報を調べることができるようになっている。

こうして、お客の名前を呼びながら接客サービスを行ったり、前回同伴していた「○○さんも、先日来てくれましたよ」といった、確実に覚えていないと触れることのできない過去の話題をすることで、お客との距離を縮め、店のファンを拡大している。

「PORCINIお客様カード」から全てが始まるこの接客サービスだが、**「人間関係ができあがってからでないと、お客様カードを書いてもらわない」**というのが同店のルール。2回目、3回目のお客にも、ましてや初めてのお客にいきなり個人情報の記入をお願いすることは無い。

「店を気に入ってもらい、コミュニケーションをとったお客様でないと、お客様カードが“商売”になってしまいます」(中谷氏)

“商売”になった時点で、温かく築いた人間関係が冷めてしまうと中谷氏は考えている。

接客の指針

お客様カードを増やすことを目的にはしない

DMによる定期メッセージ

↓

「店を忘れないで!」作戦

徹底した顧客管理による店のファン作りは、情報の共有による親近感のある接客サービスだけにとどまらない。

店の事務室には「新規」「第1回目」「第2回目」と書かれたBOXが壁に並ぶ。スタッフは記入してもらった「PORCINIお客様カード」をまず**「新規BOX」**へ入れる。すると店長が営業後または翌日の営業前にまとめて顧客管理フォーマットへの入力作業を行い、入力したお客様カードを**「第1回目」**のBOXへ移動させる。そして初回用のDMに、来店のお礼や「先日の○○はいかがでしたか？」など、来店の際に会話した内容に沿ったひと言を書き添え、ポストに投函。

そこまでが終わると**「第2回目」**のBOXに、お客様カードを再び移動。30日後、「第2回目」BOXにキープされた顧客へ、店のPR冊子と特製のオリジナルハンカチなどを同封した封書を発送する。

お客側からすれば、店で食事を楽しんだ翌日に、HPに楽しいひと時を過ごした写真と店からのメッセージがアップされ、その直後にお礼のハガキが届き、30日後に思わぬノベルティグッズと冊子が届くという3段階のサプライズを体験する。店の温かさが強く印象に残るというわけだ。

さらに、同店がDMで重視しているのがバースデーカードだ。まず、データから月々の誕生日に当たる顧客を調べる。そして、日付を書いたウォールポケットに、各顧客へのDMを、誕生日の日付ごとに振り分ける。スタッフ全員がそれぞれ、時間のある時に1枚1枚にメッセージを書き込んでおき、各日付の前日にポストに投函。**誕生日当日に、スタッフのメッセージがお客の手元に届くようになっている。**

そんなDMを見て感激し、誕生日当日や後日、店に足を運ぶお客も少なくない。

同店ではこの他にも、周年の知らせと暑中見舞い、年賀状を送付。現在、このようにDMを送付するお客は1000名を超える。

全てのDMに共通しているのは、**「このハガキを持参したらビール１杯サービス」という販促は兼ねないこと。**それをしたら、コミュニケーションではなく“商売”になってしまう。せっかく何回か通ってもらい、親しくなれたお客へのあくまでご挨拶のハガキで、「これからもポルチーニのことを忘れ

第２回目
BOX

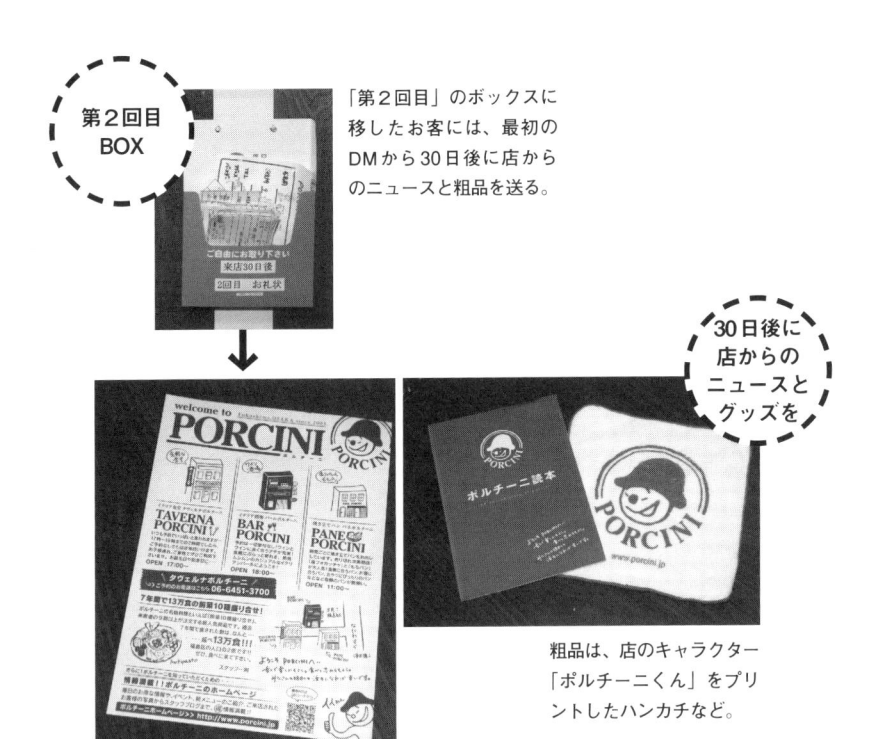

「第２回目」のボックスに移したお客には、最初のDMから30日後に店からのニュースと粗品を送る。

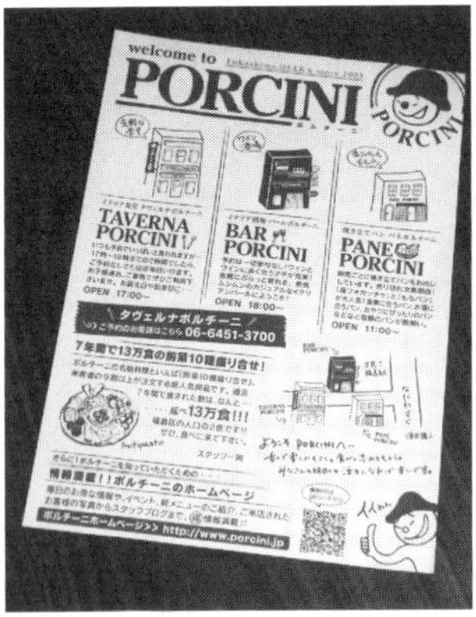

30日後に
店からの
ニュースと
グッズを

粗品は、店のキャラクター「ポルチーニくん」をプリントしたハンカチなど。

ないで」という願いをこめてのハガキにしている。

ハガキに書き込むメッセージもまだ親しくないお客ならば「先日はありがとうございました！またお待ちしています」といった当たり障りの無い内容から、親しい常連なら「○○ちゃん、また来てや〜」といったくだけた内容のメッセージに、おもしろいラクガキを添えるなど様々。上得意の常連客でない場合も顧客データに残る、前回来店の際に会話した内容に沿ったメッセージを入れることで、親近感を持ってもらえる温かいメッセージを意識している。

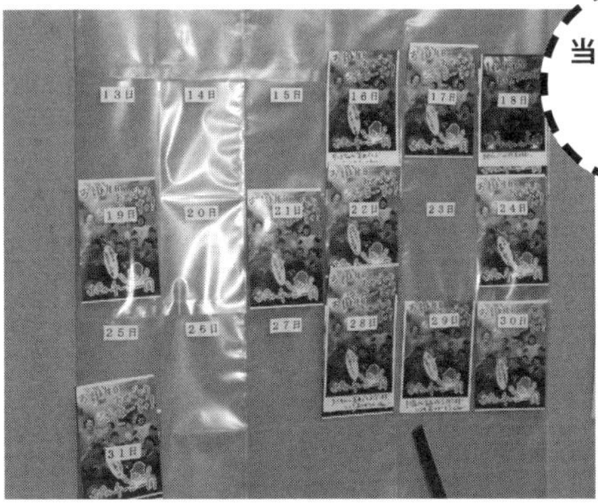

当日に届く
誕生日
カード

お客様カードを書いてもらったお客の誕生日ごとに整理。毎月のカレンダーに、何日が誰の誕生日かがわかるようにしている。お客の誕生日の当日にハガキが届くように投函する。

接客の指針

DMは、販促の要素はゼロにする

PORCINI

心に響くメッセージを
↓
メールより手書きで伝える

「PORCINIお客様カード」の質問事項には、携帯メールを記入してもらうものの、**「お客様が日常使う携帯電話に店からDMを送ると“商売”になってしまう」と、携帯メールは送っていない。**ほとんどのお客に向けてハガキか封書を送る。これは中谷氏の経験によるものだ。

ホテル「ザ・リッツカールトン」のフランス料理部門にて料理人をしていた経歴を持つ中谷氏。誕生日の際にはゼネラルマネージャーから、メッセージ入りのバースデーカードが毎年届いたという。

「大きなホテルグループですが、その手紙に書かれたメッセージで従業員を大切に思ってくれていることが伝わり、温かい気持ちになりました」。

紙に書かれた手書きの文章を見たときに、人は「心がこもったメッセージ」として受け取ると、そのとき感じ取ったと言う。

「ビール券付きのチラシ配りをしている飲食店をよく見かけますが、ビール1杯を無料で付けることで、お客様は『ビールが1杯無料なら、来店してもいいかな』という損得感情で、店に対して感謝の気持ちがないまま来店します。無料券を出して受け取ったビールも、もらって当たり前の感覚で飲みます。それよりも、感謝のハガキを送ったり、ハガキを見て来てくれたお客にワインを通常よりもグラスになみなみ入れてあげたり、試作品を差し上げるなどした方がよっぽど感謝されて喜んでもらえます。例えば居酒屋で会計のときに次回ビール１杯無料券をもらうよりも、飲んでいるときに板前さんに刺身ひと切れをおまけでもらって『つけておいたよ！』って言われる方が、特別な扱いを受けたようでうれしいのと同じ。ビール１杯の価格や無料券印刷などのコストを考えると、『つけといたよ!』のサービスの方が、圧倒的にコストが低いのに感動と感謝は倍以上。

ハガキも同じで、**販促のためのハガキでないから、感動してもらえるんです。**年間数千枚送りますが、販促のためのハガキの何倍もお客様と店をつなぎとめる成果はあります」(中谷氏)

接客の指針

ハガキで心を伝える

気前のいいサービス

↓

顧客の輪を広げる

同店では顧客がハガキを見て来店すると、ワインを通常よりもなみなみと注いだり、試作品を振る舞ったり、トリュフやチーズを目の前でいつもより多く料理にかけてあげるといったサービスを行う。つまり、ハガキをきっかけに再来店してくれた常連客に対するアフターフォローである。

また、お客が訪れた際に満席で入れなかった。そのお客が他で時間をつぶしてまた来てくれた。そういうお客に対しては、例えばそのお客が前菜5種盛りをオーダーしたら８種類の料理を盛り込み、「８種類にしておきました。さきほどはお待たせしてすみません。ご来店ありがとうございます」と添える。お客に対する感謝の気持ちを、気前のいいサービスで返すことを心がけている。

「ほんの少しワインを多く注ぐのも、トリュフやチーズを多めにかけてあげるのも、試作品を振る舞うのもコストは知れたもの。それを惜しまず、サービスすることによって、この店に来ればおトクと思ってもらえる店にしたいんです。そうすることで、お客様のお連れ様まで喜んでもらえます」(中谷氏)

注文した料理をサービスで大盛りにしてもらえたら、常連客が嬉しいだけでなく、一緒に来た友人も感激する。顧客だけでなくその同伴者も巻き込んで喜んでもらうことで、顧客の周囲の人間の取り込みにも成功している。

同店では、**このようなお客に対する気前のいいサービスを、各スタッフの判断に任せており、**中谷氏や店長の許可も必要無いとしている。

一方、こうした接客でファンを拡大する同店だが、お客からの支持を実感するバロメーターとなっているのが、差し入れや手土産だという。

「出張に行ったから、旅行に行ったからと、お土産を持って来てくださるお客様が多いんです。それは商売っ気を抜きにしてワインや料理をサービスし

てもらったことへの個人的なお返しなんです。自分たちのやっていることが、間違っていないというバロメーターであり、スタッフの士気を高めている要素でもあります」

毎日、何かしらもらう差し入れやお土産を、スタッフ全員で分け合い、それをまたバースデーカードや暑中見舞い、年賀状などといったハガキで「○○おいしかったです！」とコメントを添え、来店してもらったらサービスを行う。そんな温かいやりとりで、いい関係がスパイラルを描くように築かれている。

トラットリアでもバールでも、誕生会や歓送迎会を開いてくれるお客も多

親身に打ち合わせて作るオーダーケーキ

パーティーでのオリジナルケーキの注文を受ける。お客と一緒に、より感動してもらえるケーキ、うけるケーキを相談して作っている。

い。そのときに、オリジナルデザインのケーキの注文も受けている。担当のパティシエールが作る。パーティーでケーキはメインイベントの品。主賓はゴルフの好きな人だから、ゴルフをテーマにしたケーキにしてほしい。愛犬をデザインしたケーキにしてほしいなど、いろいろな要望を受け、より喜んでもらえるよう、より驚いてもらえるよう、綿密に打ち合わせをして作っている。ホームページのオリジナルケーキの事例を見て予約を入れる人も多い。

お客からのお土産、プレゼント

お客が作ってきてくれた、店のキャラクター「ポルチーニくん」の人形。この他、出張のお土産など持って来てくれるお客が多い。「よくしてもらったお礼」と考え、お土産をもらうことが少ないと、「喜ばれるサービスがとどこおっていないか」とチェックするバロメーターにもしている。

接客の指針

ファンを増やす「おまけ」は自発的でオーケーに

今週3回目ですよね。
これ、サービスです。どうぞ。
目の前の
お客に
サービス
PORCINI

サービス券を配ったり、割引のフェアはしない。連続して来てくれたお客、満席で入れなくて時間をずらして再度来てくれたお客に、その場で「大盛り」や「試食」のサービスをする。

店のキャラクターグッズ

↓

お客に持ち歩いてもらう

本店の『TAVERNA PORCINI』も『BAR PORCINI』もカウンターがメインゆえに、お客との距離感が近い。さらに関西特有のノリも加わって、常連客がスタッフをニックネームで呼び、まるで友人のように親しくなって、友人の店に集まるような感覚が生まれ、集客につながっている。スタッフ一人一人の個性もまた、集客における重要な要素だ。『TAVERNA PORCINI』は５名、『BAR PORCINI』は４名というスタッフの体制で、**ほとんどが料理人というのが特徴で、皆、接客と調理と両方を担当する。**

もうひとつ、集客につなげている見逃せない個性がある。それが、店のキャラクターとして描かれる「ポルチーニくん」だ。

ポルチーニくんはイタリアンでよく使われるポルチーニ茸をモチーフとしたキャラクターで、店の様々なシーンで登場する。

生まれたのは同店が開業したばかりの頃。イラストの上手なスタッフが黒板に描いたことがきっかけだった。愛嬌のあるヴィジュアルが、スタッフ間でも評判だったため、様々なタイプのシールを作り、トイレに置いて自由に持ち帰れるようにしたところ、たちまち人気に。以来、DMやチラシ、HP、POPなどにも登場し、周年記念の際にはピンバッジやトートバッグ、箸入れなど様々なグッズを作る。スタッフのユニフォームにもなっているＴシャツは、今まで1000枚以上売れており、毎年楽しみにするお客がいるほどの人気ぶり。周年の際には売り切れてしまうグッズにまでなった。

「キャラクターも『うちの店を忘れないでね』という意味です」と笑う中谷氏。最初からキャラクターによるブランディングを意識して作ったのでは無かったが、ポルチーニくんのシールを配ることで、常にお客の日常でも露出し、キャラクターを見れば『PORCINI』と直結するPRツールに。その結果、「顧

客とのつながりに役立っていることを実感する」と中谷氏は話す。

これと同じ考え方で、同店では常に決まった曲のBGMを繰り返し流す。その中の音楽を他の場所で聞くと同店を思い出してもらえるような工夫も行っている。

「店のスタッフも休日に出かけて、このBGMを聞いて仕事のことを思い出すと苦笑してますがね」と中谷氏(笑)。

店の目印を増やしてきた

パン店をオープンし、作ったパッケージ。ケーキはお土産にされやすいが、パンはお土産にされにくい。でも、パッケージがかわいいとお土産にしてもらえる。パン屋に寄って、このパッケージをさげてバールに寄るお客も多い。

接客の指針

キャラクターやマークで店を思い出して！

WAO STORYを共有

↓

考える接客を習慣化

驚くことに、サービスマニュアルもミューティングも一切無いという同店。では、どうのようにして士気の高いスタッフを育成しているのだろうか。
その答えが事務所の壁に貼られた「WAO STORY」BOXだ。
「WAO STORY」とは「ワォ!」というような**お客の喜びの声や仲間の接客サービスで見習いたい点など、いろいろな“気づき”を自由に発表する場のことだ。**
「WAO STORY」を書き込む用紙を用意しておき、スタッフが各々書き込み、「WAO STORY　BOX」に投書。営業後もしくは翌営業前に店長がパソコンへの入力作業を行う。

そして中谷氏がチェックし「最近、頑張っているね」とか「もっとこうしたら、より良いサービスになりますね」などといったスタッフへ向けての一言コメントを添えてから、携帯メールで一斉送信。全スタッフの携帯電話に配信される。

この「WAO STORY」は強制では無いが、各店長は週に最低1枚は投書しなければならない取り決めにしている。

内容は様々で、「こんなふうにお客様にサービスしてさしあげたらよろこんだ」「先日お客様からこんなことでほめられた」「スタッフ○○くんのサービスのこんなところが素敵だった」などが挙げられる。

例えば、『PANE PORCINI』において起こったエピソードがある。お客自身がトングで強く掴んで潰してしまったパンを、新しいものに取り替えてあげた際に、間違えて潰れたパンまで袋詰めして購入商品と一緒に手渡してしまった。ところが、お客がそれをサービスと思い込み、感謝の電話があった。この一件が「WAO STORY」で発表されたことで、「形の崩れたパンは売り物 にならず、捨てるしかない」という現場の暗黙の常識が見直され、実は

喜ばれた体験をスタッフで共有する

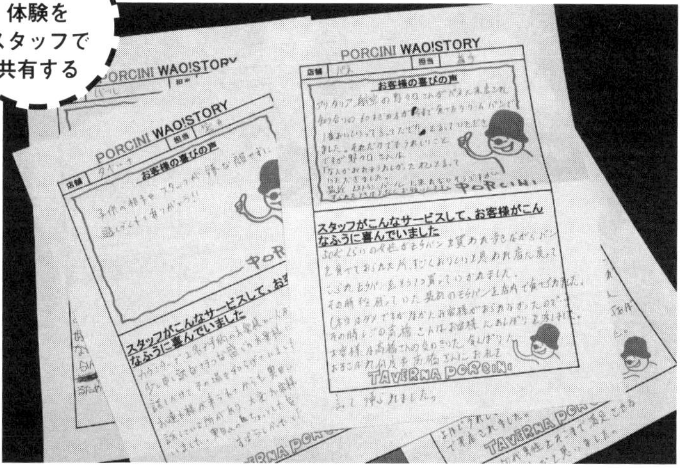

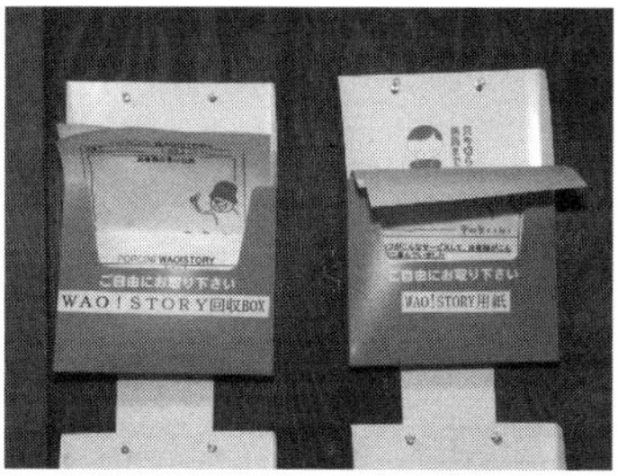

各スタッフは、週に1枚は、お客に喜ばれたこと、仲間の接客を見て見習いたいと思ったことなど、「Wao Story」を提出するようにしている。この内容は各スタッフの携帯電話に配信し、全員で共有し、参考にする。

お客に喜ばれるということが全スタッフに伝わって、接客サービスの向上につながったのだ。今では似た事例が起こると、今まで廃棄していた商品を無料でサービスすることになっている。
「WAO STORYは自分で考える力を養います。そうすることで、お客様にとって心地よいサービスが当たり前になるし、仲間の接客サービスを直に感じることで『自分も頑張ろう、負けていられない』という活力にもつながります。そして、お客様の声を共有することで『あぁ、こういうことをして差し上げたら喜ばれるものなんだ』という、**接客サービスの感覚が養われます」**
その他にも、**スタッフ同士でほめ合うことで結束が強くなる**など、チームとしてより強固にしているのもこのWAO STORYだと中谷氏は話す。

接客の指針

仲間の接客サービスから学びと刺激を

若い世代に合わせた教育

↓

レポートで理解し合う

ミーティングをせずして、携帯電話へのメールの一斉送信で情報の共有やスタッフ教育を行う同店の手法は珍しい。

開業当初はスタッフのヤル気を出すために、どのような伝え方をしたら効果的なのか悩んだという中谷氏。言葉で伝えてもなかなか理解されない日々が続いたため、ある時レポートをスタッフに書かせたことがきっかけになった。

「それまで言葉にして、何度も話してきたのに、いまいちピンと来てない様子だったので、一度レポートを書かせたんです。そしたら私が今まで話してきたことが伝わっていたし、そのスタッフの考えも強く伝わってきたんです。最近の若い人は他者との接し方が解らない人や面と向かって会話するのが苦手という人が多いと感じます。一方で、フェイスブックやツイッター、メールなど、文章での気持ちのやりとりは昔から慣れている。その分、読解力があるので、**文章でのコミュニケーションの方が良いのではないかと考えるようになったのです」**

ミーティングでの伝達という飲食店での定説を見直し、現代の若いスタッフに合わせた同店。この手法に切り替えてから、スタッフの士気も見違えるように高まったのが、目に見えたという。

ただし、常にスタッフの様子には気を配り、様子がおかしければ「少し話そうか」と声をかけて向き合う時間を作っているという。

一方で、スタッフの失敗といったネガティブな注意事項はメールでは注意せず、常に現場で注意・叱咤する。決して「頭ごなしに怒る事は無い」という中谷氏。“怒りからは何も生まれない”と考えているからだ。

「怒ったとしても、必ず一回褒めるようにします。『こういうところはいいし、

頑張っているけど、こういうところは直そう』という言い方にすることで、聞く耳を持つからです」

若いスタッフのモチベーションを下げずに、いかに聞く耳を持たせるかという点において気を配っている。

接客の指針

「考え」を文章にしてもらう

“全員社員”の雇用形態

↓

独立志向を原動力に

「どうして、ポルチーニはこんなに繁盛しているの」といった質問がお客から飛ぶと、中谷氏はいつも「全員が正社員だからですよ」と笑って答える。前述の育成方法と同じくらい中谷氏が重視するのは**「スタッフが全員社員」**という雇用形態だ。

「一時の腰掛的な気持ちになりがちなアルバイトよりも、『将来は勝負をかけたい』と夢を持っている人間の方が続くし、頑張れるのは当たり前。真剣さが違います」

　社員の採用基準は「ヒトが好きな人、そして将来は独立したい人」。

「独立することを前提に採用すると、スタッフが独立する時、最初は痛手を負うけれど、上が空いた分、下が必ず成長します。そして、外で独立した元スタッフが頑張ることによって、うちの名前も広がって、街の活性にもなる。どんどん独立を応援したい」と話す中谷氏。

　今後の目標はスタッフの教育課程を目に見える形で作ることだという。

「ポルチーニで働くと６年後にはこうなれるよ、といった指針のようなものを可視化して、スタッフに提示できるようにしたいと思っています。そうすることで、モチベーションも上がるし目標もできる。良い人材をどんどん排出したいと考えています」(中谷氏)

現在、3店舗あるうち、スタッフの配置は各店に店長とシェフを置き（バールのみホールマネージャーもいる）、あとは全てシフトでローテーション。パンの販売からバールのサービスと調理補助、トラットリアのサービスと調理補助まで行う。スタッフ同士の相性を見る意味もあるというが、これも独立支援のためのシステムだ。

接客の指針

独立希望という共通意識

TAVERNA PORCINI

2003年9月開業　14坪26席
住所：大阪府大阪市福島区福島5-10-19
TEL：06-6451-3700
営業：月曜日～木曜日・土曜日17時～24時（ラストオーダー23時30分）、金曜日17時～26時（ラストオーダー25時）
定休日：日曜日、祝日

BAR PORCINI

2006年６月開業　13坪36席
住所：大阪府大阪市福島区福島5-11-３
TEL：06-6450-1915
営業：月曜日～木曜日・土曜日18時～24時（ラストオーダー23時30分）、金曜日18時～26時（ラストオーダー25時）
定休日：日曜日、祝日

PANE PORCINI

2010年4月開業
住所：大阪府大阪市福島区福島5-10-22
TEL：06-6451-8001
営業：11時～（売り切れ次第終了）
定休日：日曜日、祝日

かわちどんグループ

毎日↓毎週↓毎月の取り組みで、人間力を高めていく。

かわちどん
グループ

「ちょっとしたいいこと」の積み重ねが、満足に。
満足の積み重ねが、感動になる。
その感動を創り出すために、
反省することと、強化したいことを
毎日チェックし、毎月、統合している。

KAWACHIDON GROUPは、愛知県名古屋市と春日井市に焼肉店『かわちどん』を３店、名古屋市に串カツ店『マルハチ』を経営する。焼肉店『かわちどん』の各店では、焼肉材料と韓国食材の『やま田』を併設して経営する。

代表の山田唯夫氏は、1971年生まれ。21歳のときに精肉店を開業し、その後、焼肉店、串カツ店を展開してきた。

「肉屋が経営する、鮮度と質が良くてお値打ちな焼肉」と、接客の良さの魅了されて常連になる人が多い。

その好感度の高い接客サービスと、次々と開発される接客の工夫やアイデアや手法は、アルバイトが中心になって取り組んで考え出されてきたものだ。世界で１つの『かわちどん』を接客サービスの面でも取り組み続けている。

かわちどん グループ

お客が困っている場面

そこに接客の大チャンス

『かわちどん』各店で行われている、好感接客の数々は、「お客様から教えられた」ことがほとんどだという。

お客が困っている場面、または、悩んでいる、迷っている場面に遭遇したとき、その問題、悩みを解決する行動をすることが、結果的に好感接客になっている。

たとえば、**子供用のお箸**。手の小さな子供は、大人と同じサイズの割り箸では食べづらい。

その、食べづらそうにしている子供を見て、即席で、割り箸をハサミで切って、先はヤスリで丸く削って子供用の箸を作って提供した。「ハイ、箸ができたよ」と渡したときのお子さんの笑顔はもちろん、お母さんがたいへん喜んでくれた。以後、子供用の箸を作るサービスをしている。事前に削って子供用の箸を用意しておくことはせず、そのつど目の前で作って渡すようにしている。

また、注文を決めるときに、**「追加で３品は２人では食べきれないし、でも、まだいろいろ食べたいし」**と悩んでいたお客がいた。そこで、「1人前120gですが、40gずつ３種類をお出ししましょうか」と提案したら、非常に喜んでもらえたという。こうした提案は、全店でできるようにした。

また、会計を済ませて店を出たら、雨が降っていた。傘がないので駐車場まで走らなきゃと、一瞬戸惑っていたお客を見て、駐車場まで２人のスタッフが傘をさしながら進んで、傘のアーケードを作って見送るようにした。車のドアを開けて閉めるまで濡れない。感謝されるという。「傘のアーケード」という名称で呼ぶサービスにしている。

「好感度を上げる接客を考えよう」と頭を働かせても、なかなか思いつくも

**即興で
子供用の箸
を作る**

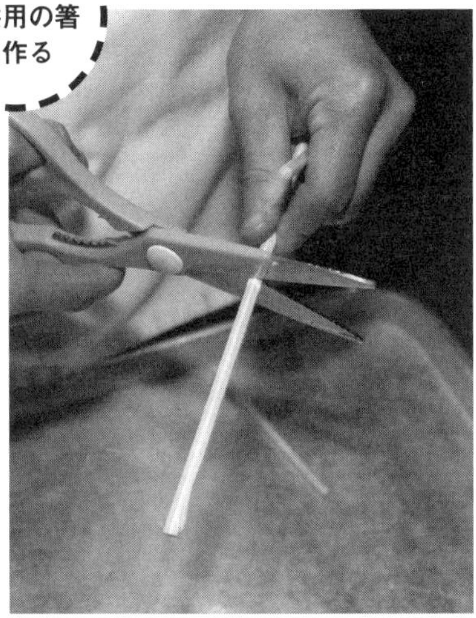

食べにくそうに割り箸を使っていた子供を見て、即興で割り箸をキッチンばさみで切って、カッターで先を丸くして短い子供用の箸を作って喜ばれた。以来、要望があれば、即興で作る。1分もかからないで作れるが、作り置きはしない。作る過程を見せることも楽しんでもらう演出と考える。カッターが扱える年長の子供には箸作りにチャレンジしてもらい、一緒に作ることもする。

**40gずつで
３種類の
ひと皿に**

追加の注文などで、いろいろ食べたいけれど、ひと皿ずつだと食べきれないと迷っていたお客に対して、「1人前は120gですが、40gずつ３種類を盛り込みましょうか」という提案をして喜ばれた。以来、こういう注文の仕方もできることを全店で対応できるようにした。

のではない。

『かわちどん』では、**「最高のコンサルタントはお客様」**という基本理念のもと、そのために「お客様が困っていないか」「お客様が迷っていないか」を見逃さないように全員が気をつけている。

接客サービスの新しい動作、行動を開発することとは、まさに、「お客様がちょっと困っている場面」に目ざとく気づくことだ。

他の店でやっているいい接客サービスを真似ることも悪いことではない。でも、自分の目の前のお客を見て気づいて実行する接客サービスと、他の店でしていることを真似た接客サービスでは、行動の原点の真心が違ってくる。自分の意思から生まれた接客に対してお客が喜んでくれたとき、自分の嬉しさの度合いも違ってくる。

そして、接客サービスの嬉しい体験こそ、新たな接客サービスを考える意欲の素になる。

「最高のコンサルタントはお客様」。そして、**「好感接客を開発することは、気づくこと」**という理念を共有する中から生み出されてきた接客行動は、全て『かわちどん』のオリジナルのものとしてスタッフ一人一人に浸透していくのである。

接客の指針

**最高のコンサルタントは
お客様**

プレゼントの準備

↓

サプライズ接客に活用

『かわちどん』の黒川本店はとくに近所から歩いて来てくれるお客も多いので、**突然の雨のときのために、傘も用意しておく**。傘を返しに来るのは億劫なものなので、傘はプレゼントする。しかも、新品の傘をプレゼントする。実は、倒産メーカー品の傘で、処分価格で仕入れて用意しておく。でも、新品の折りたたみ式のワンタッチ傘をプレゼントされると、

「えっ、もらっていいいいの」と驚き、感謝される。

また、客席で乾杯のときに「おめでとう」と声がかかったとする。そのときは、料理を運ぶついでに「誰かのお祝いですか」と尋ねる。

お子さんの誕生日祝いだとわかったとすると、女の子なら大きな**ぬいぐるみをプレゼント**する。

「予約のときに、たぶん、そうじゃないかなぁと思って用意しておいたんですよ」と説明すると、驚かれ、たいへん喜ばれる。

これも、家族での利用が多く、お祝いでの利用もあるために準備しておいたぬいぐるみ。ゲームセンターに卸すところから処分価格で仕入れて準備しておく。

他に、入学、進学、就職などのお祝いのときには、デジカメで記念写真を撮り、すぐに店でプリントし、フォトフレームに入れて、メッセージカードとともにプレゼントもする。そのために、プリント用紙、**フォトフレーム**も用意しておく。

ただ、こうしたサプライズは、２回目は威力は薄れるもの。だからこそ、日常の何気ないところから生まれる感動を最も重視している。

かわちどん
グループ

突然の雨には、新品の傘のプレゼント

店の近所で歩いて来店するお客も多い。突然の雨のときのために傘を用意しておく。傘は返してもらわなくていいようにプレゼントし、しかも、新品の折りたたみ式ジャンプ傘。倒産処分品を格安で仕入れているもの。「えっ、もらっていいんですか」と、感謝されるという。

おめでとうセット

最初の乾杯のときに、「おめでとう」という声がかかったら、何のお祝いかをさりげなく聞き出す。子供の誕生日のときはプレゼントをする。女の子用のぬいぐるみ、男の子用のおもちゃを用意しておく。ゲームセンターのUFOキャッチャー用景品などを卸す業者から低価格で仕入れている。また、お祝いの記念に、デジカメで撮影し、店でプリントした写真をフォトフレームに入れてプレゼントする。メッセージカードも添えて。こうしたセットを用意しておき、「おめでとう」の声が客席で起こらないか、気配りをする。

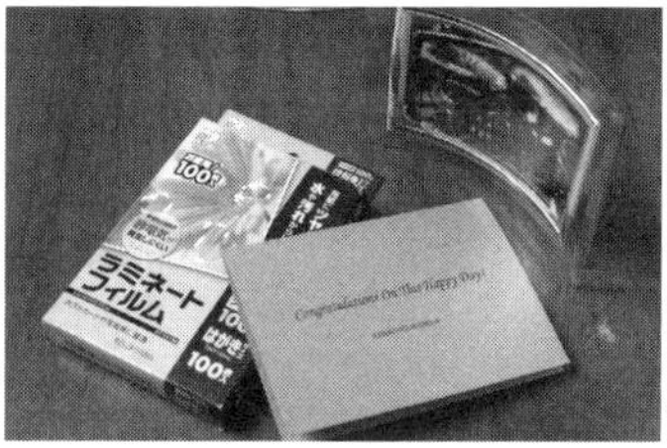

接客の指針

好感接客を開発することは、気づくこと

一人一人学習し続ける

↓

最強チームづくりの近道

『かわちどん』の客席には、料理のメニュー表の他に、**「御用なおしながき」**(P.80写真)というものも置いてある。そこに書いてあるのは、

●会社でファックスし忘れたものがあったら今、店から送ります。店でプリントアウトもします。

●携帯電話の全機種充電オーケー。

●調べたいこと、店のパソコンで調べます。

●冷めたスープ、ご飯ものを温め直します。

●ちびっ子を退屈させないぬり絵があります。

などなど。「こんなこともサービスします」「こんな要望にも対応します」ということを示したのが「御用なおしながき」。しかし、ここに挙げた要望が出るのを待つためだけに客席に置いているのはない。実際の効果は、「こういうことを対応してくれるなら、ここに書いてないけれど、こんなことは大丈夫なの？」という、新しい要望をお客から引き出すことにある。

お客からの新しい要望に対して、どうしたらいいかを考えること、考えられることこそ、接客という仕事で一番大切なことだと『かわちどん』ではとらえている。そのために、**「ありません」「できません」は基本的に言わない**ことにしている。

ちょっとした、いいことの積み重ねが「満足」となってお客に伝わり、その満足の積み重ねが「あの店に行くといつも気持ちいい」という「感動」となって、「また行きたい」と思ってもらえる。

「ちょっとした、いいことの積み重ね」は、その時その時、その場面その場面で「考えることができる」の積み重ねから生まれる。「考える」前に大切なのは、「感じること」。

かわちどんグループ

食後のコーヒーサービス

食事が終わったタイミングで、コーヒーを提供する。おしゃべりスナックと称しているお茶菓子も添え、「ごゆっくりどうぞ」と声をかける。コーヒーを出すタイミングで、空いた皿、タレの皿をバッシング。たとえ、「ごゆっくり」と声をかけても、一方で皿を下げ出すとせかすように感じさせてしまう。帰る直前の印象を良くするために食後の無料ドリンクを提供している。

ちびっ子を退屈させないぬり絵

早く食べ終わって退屈しがちな子供用にぬり絵を用意している。ぬり絵に夢中になれば、親は安心して食事に集中できる。

御用なおしながき

メニューブックを置くところに、さりげなく置いている「御用なおしながき」。すべて無料のサービス。困ったときに役立つ「かわちどん」をアピールし、新たな要望を引き出すきっかけ作りもしている。

「感じることができる」ようになるには、マニュアルをすみからすみまで覚えてもできない。**まずは、ちょっとしたことのお客の反応、スタッフの動作から感じることを習慣化することが大事だ。**

そこで、『かわちどん』では、朝礼、中礼、終礼と分けて、考える習慣づくりに取り組んでいる。

そして**最終的には、人間力が高まることを目指す。**親へ感謝、仲間への思いやりも含め、人間力は、若い学生アルバイトはまだ未熟なのは当然。しかし、言い換えれば、人間力が高まるノビシロは、若いアルバイトだから絶大だ。具体的には、**スーパートレーニング67**(ST67)という育成プログラムを活用する。

ST67は67項目からなる接客や仕事の要点集。その67項目の中から選んだ3つを毎日の朝礼で発表する。たとえば、ある日の朝礼では、次の3項目を発表する。

●お会計はすぐ気付き対応してくれましたか。

●お会計はスピーディーで正確なものでしたか。

●ふれあいカードの説明はありましたか。

選んだ3項目に集中して、その日は、不得意は克服し、得意項目は伸ばすように意識して働いてもらう。

また、次の日には、別の3つの項目を朝礼で発表する。

●お客様の入店にすぐ気付き、小走りでお出迎えして明るく対応してくれましたか。

●入店されたとき、「こんばんは、いらっしゃいませ」と元気よく揃った気持ちのいい挨拶がありましたか。

●お席の説明やご案内は親切かつ丁寧で気持ちよかったですか。

また、次の日には、別の３つの項目を朝礼で発表する。

●ファーストドリンクの提供スピードは適切でしたか。ファーストドリンクの提供時の声かけはありましたか。

●最初の料理が出てくるまでのスピードは適切でしたか。

●食事の準備(タレ、お皿、調味料)は丁寧で適切でしたか。

３つの、**朝礼**で発表した項目は、**中礼**では、スタッフ同士で、目標達成具合を確認し合う。中礼といっても、かしこまったものではなく、1分程度、話し合う。

そして、終礼のときに、その日１日の仕事の評価をする。気付いたこと、感じたことを書いて提出する。「こんなことをしたらお客様に喜んでもらえるのではないか」「こういうことはできないか」という発見、工夫もここに書いてもらう。これを毎日行っている。毎日行うことで、自分自身も考える習慣ができ、また、スタッフの成長過程も感じれるし、自分の成長過程もスタッフの意見から意識できるようになるのがいいという。

接客の指針

全員の人間力を高めることを最終目標に

接客の新サービスを開発する取り組み

毎日の取り組み

スーパートレーニング67
から日々の３項目

↓

朝礼で確認

↓

中礼で目標達成の
途中評価

↓

終礼でその日の評価をし、
気付いたことを記入する

＝

例えば

- ●お肉の部位・味
- ●元気さ
- ●オーダーをせかしていないか

- ●おすすめ
- ●スピーディさ
- ●メニュー説明

- ●お会計コミュニケーション
- ●お帰りの際の挨拶
- ●お見送り

- ●席立ったら気付いてくれたか?
- ●お会計はスピーディか?
- ●飲酒運転僕名運動の説明

- ●お席の説明
- ●おしぼりのときの挨拶
- ●ふれあいカードの説明

- ●入店に気付き小走りでお出迎え
- ●揃った気持ちよい挨拶
- ●担当者以外の感じのいい挨拶

かわちどん
グループ

毎週の取り組み

日々の３項目について
改善点、強化点を
週報でまとめて全店舗に
メール

↓

週報の内容を全店舗が
フィードバック

毎月の取り組み

↓

店舗
ミーティング

↓

幹部
ミーティング

↓

パワーアップ
ミーティング

↓

新しい接客の工夫・
アイデアの誕生

＝

- 即興で子供用の箸を作る
- 40gずつで３種類のひと皿に
- 突然の雨には、新品の傘のプレゼント
- ちびっ子を退屈させないぬり絵
- おめでとうセット
- 食後のコーヒーサービス
- セルフ・ダイレクトメール
- 15分ごとの付加価値管理
- 飲酒運転撲滅運動
- ウエルカムメッセージ
- パーティーのお手伝いサービス
- インカムで調理場から接客指令
- etc.

気付いたこと、感じたこと

↓

全店で共有していく

ST67の毎日の３つのチェック項目を意識して仕事をして、気付いたこと、感じたことを書いて提出してもらったら、それを店長はパソコンに入力する。

その１週間分をまとめて、全店舗に**「週報」**としてメールで配信される。

その「週報」を見た各店で、「こうすれば、もっといいのではないか」「こうしたほうがいいのではないか」という改善点、強化点を書き込んで、また各店に配信される。

それに対して、各店でミーティングがされ、それについて幹部ミーティングが開かれ、毎月の集大成として**パワーアップミーティング（PUMT）**を開催する。毎月１回、全店全スタッフが集合して、この１ヶ月間に取り組んできたこと、皆で考えたことを発表し合うのがパワーアップミーティング。ここから、生まれてきた接客サービスの工夫やアイデアが、前述の「御用なおしながき」だ。その他にも、

●付加価値伝票

●セルフ・ダイレクトメール

●食後の無料コーヒー＋おしゃべりスナック

●インカム作戦

●飲酒運転撲滅運動

●予約のお客のウエルカムメッセージ

●バースデイパーティー用サービス

大きな取り組みから小さなアイデアまで、いろいろ誕生してきた。今も毎月、新しい接客法、販促、サービスのアイデアがパワーアップミーティングから生まれている。

そして、翌月、ST67から選ばれた新たな項目が各人に渡され、その項目について意識して働いてもらう。ST67の内容は毎年更新されるので、長く働くアルバイトの人もマンネリ化はしない。

セルフ・
ダイレクト
メール

イベントを企画したとき、イベントの内容を説明し、「よろしければ、プレゼント券になるハガキをお送りするので、宛名を書いていただけますか」と提案する。「DMを送るので会員カードに住所を書いてください」というお願いから入ると、顧客情報を記入するのをためらう人は多いが、イベントの説明からは入り、ハガキの宛名を書いてもらうのは抵抗はやわらぐようだ。送ったハガキを持参してもらえれば、そこに書いてある住所に後日DMを送ることができる。イベントによっては回収率6割を超える反応があるという。

かわちどんグループ

飲酒運転撲滅運動

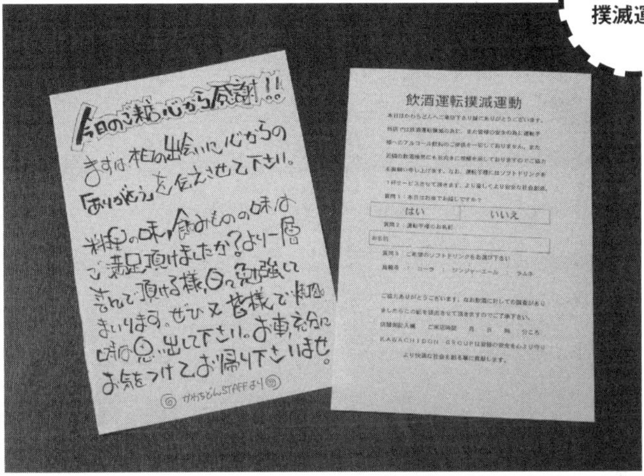

車での来店かどうか。そして、運転者はお酒を飲まないことを最初に確認し、署名してもらう。その上で、運転者にはソフトドリンクを1杯プレゼント。今日のご来店の感謝のメッセージ、「お車充分にお気をつけてお帰りくださいませ」のメッセージを、車のワイパーにはさんでおく。

接客の指針

毎日の気づいたことを毎週まとめる

かわちどんグループ

毎月のパワーアップミーティングから新企画創造

毎月のパワーアップミーティングは、アルバイトが中心に運営。多数決で企画を採用するのではなく、意見を統合していく。全員が参画した足跡を残して、新企画はスタートしていく。

アイデアを選ばない

↓

アイデアは統合する

PUMT(パワーアップミーティング)では、皆の意見をまとめることはしない。また、多数決で採用するということもしない。

代表の山田唯夫さんが今、重視するのは、「iphonのような組織づくり」だ。

iphonは、買ったときは皆同じもの。しかし、使う人がアプリを選んで組み合わせることで「世界で一つのiphon」になる。スタッフ1人1人が、いわばアプリ。1人1人を活かしてこそ、「他の店とは全く違う『かわちどん』になれる」。従来は、スタッフをまとめるという意識だったという。つまり、似たアプリばかり増やすやり方だった。今は、まとめることより統合することが大事だと考え、パワーアップミーティングでも、「一人の意見でも、それを統合することはできないか」と皆で話し合うことに重点を置いているという。

結果的に、統合していくと、その「1人の意見」とは別の形になる場合もある。しかし、統合するプロセスで、「1人の意見」も参加したことになる。参加したという軌跡も残る。こうして生まれたアイデア、工夫を実行するときは全員が納得した結果なので良いスタートがしやすい。多数決で決めたとすると、別の意見の人は不完全燃焼のままで、全員が足並みそろえて好スタートするのは、できないことが多々予想できる。

接客の指針

皆の意見は、統合する

かわちどんグループ

アルバイト中心

↓

ミーティングも勉強会も同様

『かわちどん』各店では、現場はスタッフの9割がアルバイトという状況だ。だから、アルバイトの人が活躍できるようにしている。

朝礼も中礼も終礼もアルバイトが中心で行う。販売促進について研究する販促チーム、サービスについて研究するサービス開発チーム、そして商品開発チームというチームを作って勉強会をしているが、それもアルバイトが中心。そして、月1回の**パワーアップミーティング(PUMT)**もアルバイトが中心で行っている。

アルバイトの人に活躍してもらう。この会社のために自分はがんばろうと思ってもらうには、「あこがれる社員」が先輩にいるのがいいと山田唯夫代表は前は思っていた。しかし、アルバイトと正社員には、どうしても一線がある。それで、「アルバイトにあこがれられる正社員ではなく、アルバイトにあこがれられるアルバイトが必要だ」と感じたという。

そこで、各店に**ドリームキャスト(DC)**と呼ぶアルバイトリーダーを2名置くことにした。各店のDCが中心になって朝礼、中礼、終礼と、各分科会、毎月のパワーアップミーティングを行う。

アルバイトだけの仮想の会社組織を作り、ドリームキャストがいわゆる会社で言う執行役員の立場になって、部下のアルバイトの人たちと、どうしたら業績が上がるか、接客レベルが向上するかまで考えて取り組んでもらう。

成果は、年2回、夏と冬に覆面審査員が各店を回って診断する。また、アルバイトのシフトの組み方での人件費の抑制についても評価する。この成果によって、アルバイト1人に最大10万円(年間総額)のボーナスを支給することも実施している。

いい結果には、アルバイトに人にも報酬で応える仕組みだ。アルバイトの人たちの真剣さを芽生えさせるベースにもなっている。たとえば、学生アルバイトでも、学校へ行く前の早朝の時間に自主的にミーティングを行うことも『かわちどん』では珍しくない。こういう先輩を見て、『かわちどん』で働くことを決意してアルバイトの応募をしてきてくれる学生が多いので、現在は採用に関しても上手くいっているという。

ちなみに、ドリームキャスト(DC)になるのは、立候補制。誰かが立候補したら、ドリームキャストのメンバーは一旦解散。そこで選抜大会を行う。立候補者が全員、自分の目標や考え方をスピーチし、選ばれた人が新DCとなってパワーアップミーティングの中心となって進めていく。

これも、目先の報酬で人を動かすという発想ではないと、山田唯夫代表は言う。

今やっていることを10年後にもできるかが大事なこと。10年後もできるように、アルバイトの人たちに任せる領域を増やしてきた結果が、現状だという。

接客の指針

アルバイトがあこがれる
アルバイトを育てる

かわちどんグループ

ウエルカムメッセージ

予約していただいたお客の名前をプリントし、客席に置いておく。賞状のようなデザインで、季節の絵柄も入れたもの。

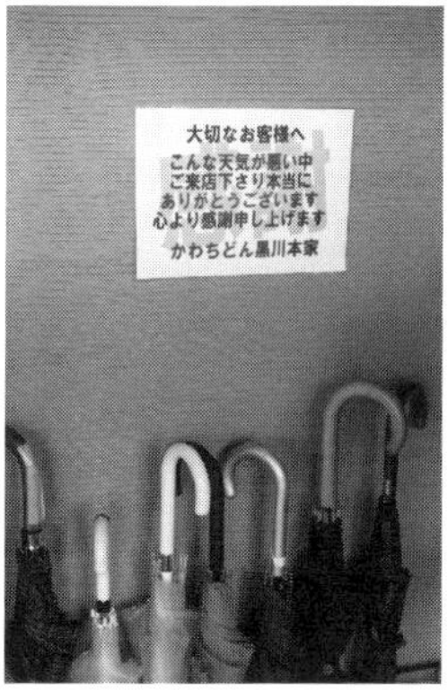

雨が降ってきたら、傘立てのところにメッセージを貼り出して、足元が悪いときにもかかわらず来店してくれたことへの感謝を表す。

パーティーのお手伝いサービス

誕生日のお祝いのために、ケーキのデザインの相談、また、会社のロゴを入れたケーキの特注も受ける。花束を用意したり、他の演出、サプライズ、写真撮影、寄せ書きなど、要望に応えている。

15分ごとの付加価値管理

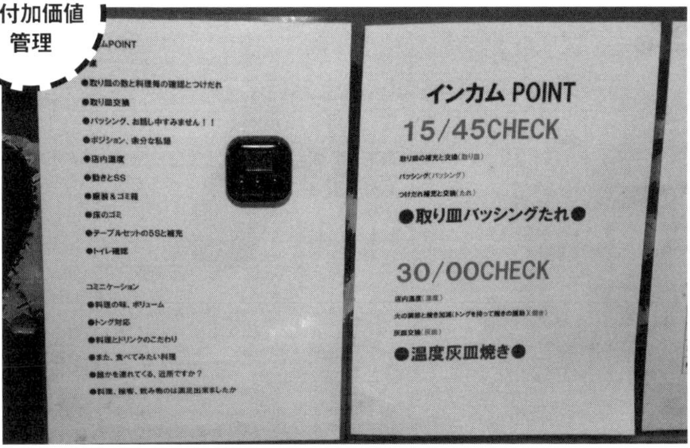

焼肉店は、肉、料理を提供した後もチェックしたいことが多い。それを忘れないように、タイマーで15分ごとにチェックできるようにした。15分ごとにトイレをチェック。30分ごとに客席の空調のチェックと灰皿のチェック、網の交換についてのチェック。45分ごとに、取り皿の交換、タレの補充についてのチェック、バッシング、お冷の補充、そしてご飯の確認。ご飯はすぐに炊けないので早めに確認する上で45分ごとに残りをチェックしている。

インカムで調理場から接客指令

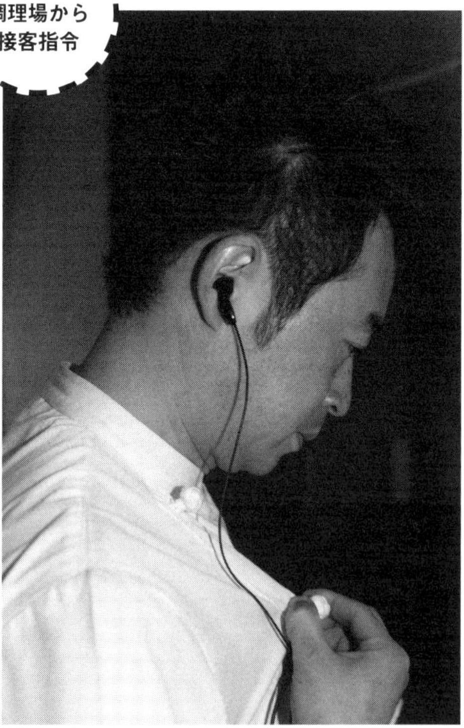

ホールには３名、インカムを付けているスタッフがいる。テーブル席、座敷席、入口の係りの３名。キッチンから３名に指令が出る。キッチンの仕事が落ち着いたときは、ホールの仕事もひと段落しているとき。そのときに、キッチンから、「味、ボリュームはいかがかの確認を」とか、「トング対応を」という指令が出る。トング対応とは、焼き手のお手伝いをすること。「この部位はこういう風に焼くのがおいしいんです」と焼くのをお手伝いして接客する。また、「新しいお客を中心に挨拶にまわる」という指令も。ちょっとした合間を有効に活かすために、インカムを活用している。

体験を重視する

↓

体験から発見をしていく

アルバイトの人たち中心で、実際の会社経営と同じ年間の目標管理の実務もしてもらう。

固定費、変動費の目標管理。年度方針に基づく毎月の方針づくり。その目標達成のための５Ｗ２Ｈ。何をいつまでにするかの日時設定。そして、それが実行できたかどうかのチェックと、できなかった場合の対応。さらに、毎日の人件費の算出、仕入れ確認もしてもらう。

社員と同じことをアルバイトにも体験してもらうことで、よかったことも悪かったことも「共有」し、アルバイト・正社員の隔てなく全員が自主性の高まる方向に進んでいく。

商品知識についても、アルバイトの人にもホルモンの下処理を手伝ってもらう。たとえば、一緒に小腸を洗いながら説明すると、覚えやすいだけでなく、お客にも自信を持って説明できるようになる。

体験することの大切さは、他のことでも実行している。たとえば、社会問題で頻繁に言われる「少子高齢化の問題」。実際、『かわちどん』の本店のある名古屋市北区でも、住民の高齢化がささやかれている。でも、それを商売でどう対応したらいいか。考えてもなかなかわからない。そういうときは、「体験」するという。具体的には、老人ホームのお手伝いに行った。

お年寄りに配慮した建物の構造、設備を「体感」することで、見えてくるものがある。

そこでの体験から、本店の自動ドアはゆっくりと閉まるものに変えたという。

また、少子化で子供を大事にする家庭が増えたと言われるが、それを体感するために、幼稚園のバザーに参加してみたという。**「見え方変えたら、味方になる」**と山田唯夫代表はよく唱えている。

体験することで、もっと知りたい、もっと覚えたいという欲が出ることも、いいことだ。「人を育てる」ことより、「自ら成長したい」と感じる環境づくりのほうが山田唯夫代表は重視している。

プロスポーツの世界では、試合は結果を出すところ。試合での結果で、自分のすべてが評価される。結果を出すために試合前の時間も、試合のない日も練習し、自己管理を怠らないのがプロ。飲食店もお金をいただく上で同じ。営業中は結果を出すところ。営業中に練習することはプロとしてありえない。営業前、中休み時間、営業後、そして休業日にも自分を磨き、営業中はその成果を出すことが大事だ。

そういうプロ集団であり続けるには、「場」づくりが大事だと山田唯夫代表は考えている。大繁盛を一時達成することより、スタッフが成長し続ける場づくり、お客に喜ばれる対応が生まれ続ける場づくり。そういう場に店が常になる取り組みを続けている。

接客の指針

見方を変えられる取り組みを

かわちどん黒川本家

住所：愛知県名古屋市北区黒川本通４丁目45
TEL：052-981-0478
営業：17:00 ～ 22:00（ラストオーダー 21時30分）
定休日：毎週月曜日
http://www.kawachidon.com

かわちどん ガスプラザ店

住所：愛知県名古屋市北区黒川本通２丁目17
黒川ガスプラザB1
TEL：052-911-2508
営業：17:00 ～ 22:00（ラストオーダー 21時30分）
定休日：毎週火曜日

マルハチ

住所：愛知県名古屋市北区黒川本通２丁目17
黒川ガスプラザB1
TEL：052-914-1508
営業：火～木・日 17:00 ～ 22:00 金土祝前日
17：00 ～ 23：00
定休日：毎週月曜日(祝日営業、翌日休)

かわちどん 柏原店

住所：愛知県春日井市柏原町５丁目286
TEL：0568-82-6414
営業：17:00 ～ 22:00
定休日：毎週月曜日(祝日営業、翌日休)

カフェ バーンホーフ

計画的に、プロの指導で
接客のプロを育てる。

「99％の接客と１％の商品」
上質なコーヒー豆を扱う自家焙煎コーヒー専門店
『カフェ バーンホーフ』のオーナー・
安部利昭さんは力強くこう言い切る。
「ホー ムコーヒーで感動を与えたい」という
目的のもと徹底して取り組むのは
スタッフの接客指導。
計画的に予算をかけ、接客のプロの目を通したり、
独自の指導で接客技術を日々、磨いている。

大阪の阪急電鉄梅田駅の地下に広がる「阪急三番街」。1日平均13万2千人の通行量があり、多くの人で賑わう地下街ではあるが、“死角的”な、人の導線が他より良くない場所はある。そんな場所が「落ち着ける」として、20坪27席で1日最大400人を集客する自家焙煎コーヒー専門店がある。それが『カフェ　バーンホーフ』だ。

同店は2003年6月に、店主・安部利昭さんが、JR福島区の高架下にて自家焙煎コーヒー店を開業。阪急三番街店は2005年11月に出店した2号店。当初は5坪のカウンターだけの店だったが、周辺店舗が退くたびに拡大し、10坪、15坪、20坪とスペースを拡大。現在ではカウンターとテーブル席、物販コーナーを設け、月商650万円を売り上げる。

カフェ
バーン
ホーフ

最初のコミュニケーション
↓
信用を得られる接客を

阪急電鉄梅田駅の地下に広がる「阪急三番街」の『カフェ・バーンホーフ』の席に着くとまず感じるのは丁寧で洗練された接客サービス。

オーダーの際はメニューブックを見ながら一つひとつ丁寧に説明があり、さながらコーヒーのソムリエといったスタッフが心強く感じる。そしてコーヒー豆の物販においても、じっくりと好みに合わせて選んでくれる。コーヒーの味わいのみならず、そんな接客サービスにおいて人気を拡大してきた一軒だ。

「何になさいますか」と切り出したら、ほとんどのお客は、ホットかアメリカンか冷コー（アイスコーヒーのこと）と答えるだろう。そこにはコミュニケーションは生まれにくい。だから、「世界のコーヒーがありますけど」と、メニュー表を開いて示しながら切り出す。そのとき、もう少し続きを聞きたいのか、終わりにしたいのか、お客の表情を読むのが大切だという。なお、世界のコーヒーがあることを知ってもらうため、オーダーを通すときに伝票を置くだけでなく、「ストロングのご注文いただきました」と声でも伝えるようにしている。客席に聞いてもらうためだ。

「99%の接客と１%の商品」と店主の安部利昭さんは話す。

扱うコーヒーはスペシャルティーコーヒーが大半。なかにはコーヒー豆の品質を競う世界的な品評会で優勝し、国内で取り扱う店が4軒以下という希少なコーヒー豆もある。「コーヒーのなかでもピンの商品を扱っている」と胸を張る商品力を持ってした上で、「99%の接客と１%の商品」と店主の安部利昭さんは言う。

自然な笑顔のコミュニケーションから接客はスタート。おすすめするのではなく、いいものを説明する姿勢。最初の「世界のコーヒーがございますが」のコンタクトで、「続きを聞きたい人かどうか」を読むことを大切にしている。

「コーヒーに精通しているお客様さえ、わからないコーヒーもあります。マスでは無いものを扱っているからこそ、どれだけお客様に気分良くコーヒーの説明を聞いてもらうかが重要です」

そのためには、ファーストコンタクトが重要だという。「いらっしゃいませ」の声の出迎えだけでもダメ。きちんとおじぎしながらの「いらっしゃいませ」だけでもダメ。

「お客様が席に着き、オーダーを取る際にコミュニケーションするその一瞬での笑顔。その笑顔が、自然にパッとできるかが肝心です。そして、いかにリピートにつなげることができるか。接客サービスとは人が人に対してどれだけのことをできるかなんです」(安部さん)

安部さんが、このように考えるのには大きな理由がある。

元々、百貨店の高級着物の外商に、30年間携わっていた経験があるためだ。着物といっても棚に陳列してあるものでは無く、人間国宝と言われるような職人がつくる高級着物で、1枚何百万円や何千万円の世界。まさに、世界に1点しかない美術品ともいえる価値の高いもの。そんな着物を販売する場面においては「信用しかない」という。

「着物の目利きは関係ありません。結局、この人から買いたいと思う信用が大切。人が高価な買い物をする、いわば冒険する際は信用しかないんです」

コーヒーという大衆商品でも同じこと。**「この人は信用できる」と感じてもらったら、普段よりいいコーヒーを注文してもらえる。**ゆえに、現在も一瞬のコミュニケーションにおいて「また来てもらうための信用を得ることができたのか？」と常に問い、接客を重視している。具体的には、「うなずく」ことを大切にしている。

ショッピングモールでは、一人で買い物に来て、コーヒーを飲んでひと休みするお客が多い。その多くの人が本当は「話したい人」だと安部さんは感じている。しかし、信用できるとまで感じていない人から話しかけられても話したいと思わないもの。「この人は話をしたい人だな」と感じたら、**「うなずく」ことから交流をしていく。「うなづき」が信用を育てていくからだ。**

接客の指針

うなずくことで、
コミュニケーションを表現

接客への意欲を伸ばす

↓

外部スタッフの協力も活用

ではいかにして、短いコミュニケーション時間で信用を得るための接客サービスを磨いているのだろうか。その手段は次の６つだ。

①外注のインストラクターによる研修
②外注のスーパーバイザーによる現場指導
③外注の調査会社による覆面調査
④自社スタッフによる個人指導
⑤接客サービスレベルの向上を目的としたコンテストへの積極的な出場
⑥コーヒー教室の開催

スーパーバイザーによる指導と覆面調査は、労務協会から紹介を受けた外部の接客指導のプロフェッショナルに委託している。

2008年まで安部さんが、前に立って接客サービスの教育を行って来たが、「社長が教育を行うと、社長には『わかりません』と言えないからと、解ってないけど解ったフリをしてしまったり、また、『社長にはよく思われたい』という利害関係が先に立って接客能力を伸ばす方向とは違う気づかいばかりさせてしまいがち」という。

プロの領域はプロに任せた方がいいし、接客サービスの教育は第三者に頼むほうがいい、というのが安部さんの考え。実際に、接客サービスのプロに依頼したことでスタッフが育ち、店の知名度が上がると共に士気の低いスタッフが淘汰され、新たな意識の高いスタッフも増えたという。

「外部に委託するというのは、２店しかないカフェにとっては大きな投資です。しかし、コーヒー専門店は職人じゃないというのが私の考え。焙煎能力があっても、販売する能力が無いコーヒー屋では、これからはだめなんです」『売れるから作る』という当たり前の図式を常に危機感をもって描き、『ではどうしたら顧客満足につながるのか、いかにリピーターを作るか』とアプローチした結果の意義ある投資だ。

接客の指針

接客サービスの教育は外部に

自分の立ち位置を把握させる

↓

自分で自分を採点し評価

次に、どのようなことを行っているのか細かく見ていこう。

①外注のインストラクターによる指導

これは、定休日を１日割いて、笑顔の練習からはじまる。その他、歩き方、化粧、ヘアスタイルについて元キャビンアテンダントのインストラクターによる指導で、研修を行う。現場の仕事に密着した内容にして、「すぐ使える」ようにしている。

そして、**必ず、研修の後に、「どうやった？」「役に立ったか？」と感想を聞く**ようにしているという。

ここが肝心で、「どうやった？」と声をかけ、感想を本人から語らせるというフォローをすることで、「成果を期待されている」ことを意識し続けてもらえる。研修をやりっぱなしにすると、成果が薄れていく。

②外注のスーパーバイザーによる現場指導報告

年間１回～２回、スーパーバイザーがスタッフに混じって１日中店に立ち、スタッフの接客サービスをチェック。プロの視点から笑顔や言葉づかい、立ち振る舞い、接客態度など細かい項目の現場指導報告書を後日受け取る。

③外注の調査会社による覆面調査

一般客に混じって、様々な年齢層の覆面調査員が訪れる。調査会社は一般人を雇い、覆面調査をさせているため、覆面調査員による調査はお客の声により近いことになる。②のスーパーバイザーによる現場報告書とはまた異なった視点からの調査結果が出るため「より参考にしている」と指導スタッフの濱田智美さんは話す。

これら**②と③の結果報告書は全スタッフが自由に閲覧できる**ようになっている。そして指導スタッフが結果を把握し、毎日の指導にフィードバックし

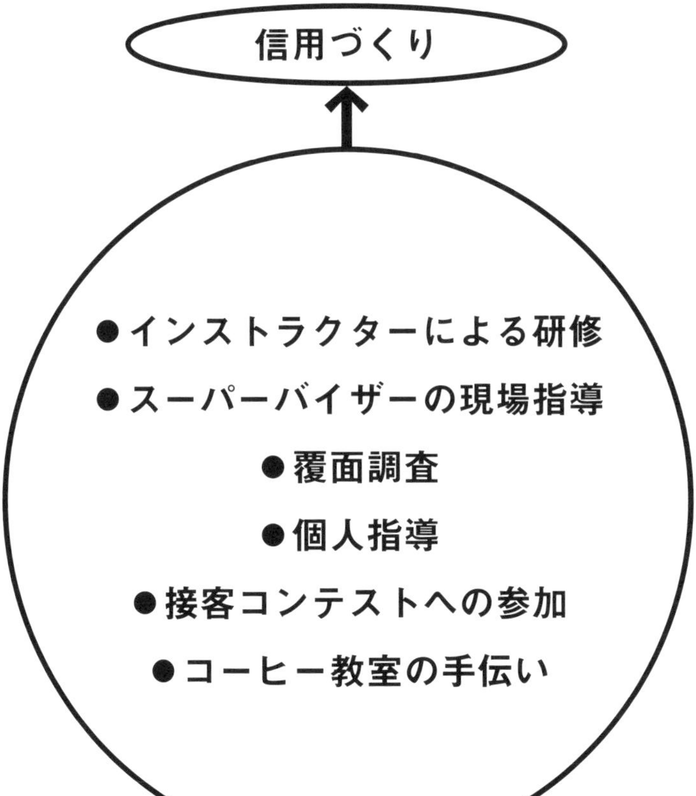
信用づくり
●インストラクターによる研修
●スーパーバイザーの現場指導
●覆面調査
●個人指導
●接客コンテストへの参加
●コーヒー教室の手伝い

ている。

④ 自社スタッフによる個人指導

同店の接客技術向上における大きな一翼を担っているのが、自社スタッフによる個人指導だ。この個人指導は3段階に分けられる。

●自己評価

● バーンホーフアンケート

●個人ノートの記入

経歴の長いスタッフを指導員になってもらい、他のスタッフの個人教育を行っている。考え方としては**「個々の強いところを伸ばし、弱いところを強くする考え方**です」と指導スタッフの濱田智美さん。

まず「ホール業務」「カウンター内業務」「コーヒー抽出」などといった項目に分かれた『自己評価』でスタッフ自身の現状を１～５段階で自己評価させてから指導スタッフが採点を行う。

自分自身の評価と指導スタッフの採点結果を擦り合わせる目的がある。つまり、『笑顔ができているかどうか』の項目に対し、自己評価が高かったとしても、第三者的視線で見たら低いかもしれない。**まずはスタッフ自ら点数をつけさせることで、基準値と自分の立ち位置を把握させている。**

さらに『バーンホーフアンケート』で短期と長期に分け、目標設定を行う。例えば数ヶ月後(短期)に「笑顔ができるようになる」とか、半年後(長期)に「コーヒーマイスターの資格を取得する」などだ。

そして**個人ノートに毎日の気づきや反省点などを書き込み、指導スタッフが毎日チェック。**スタッフのコメントに対し、指導スタッフからのコメントを書き込んで交換日記のようにしてノートを返す。そして２～３ヶ月後に、指導員と30分～1時間程度面談する。

個人ノートに毎日記すことで何を理解して、何を理解していないかをみたり、「今あなたはこうだよ」と進捗力を教えてあげる意図があるという。

また、この個人ノートの指導では①の研修結果や②の現場報告書、③の覆面調査結果を加味したうえでノートのやり取りを行う。

一方、技術指導においても指導員の所作や技術において気づきがある場合

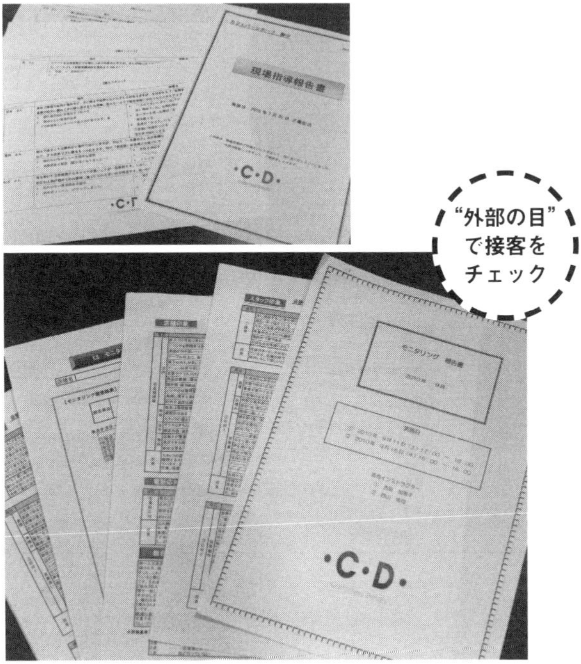

航空会社やデパートで接客指導に当たっている会社に依頼して、言葉づかい、接客態度をチェックしてもらう。また、お客の立場で利用して接客サービスの覆面調査をする。スタッフ各人が何を努力したらいいかを、第三者の目を通して評価してもらう。

はノートに書き込み、指摘された箇所を意識しながら反復することで習得していく。
「来店客が途切れなくて手を止めて注意や細かい指導ができないことや、オープンスペースで全てお客様に見えてしまうため、ノートで指導を行っています。きっちりと文章にして記録することで、数ヶ月後の成長も見えやすく、質問の角度もどんどん変わってきます」(濱田さん)
「スキルじゃなくてマインドを伸ばす取り組みです。ホームコーヒーを広げるという当店の指針を共有する意味でも大切です。仕事力が人格形成にも役立ち、人格形成がスキルとなって顧客満足につながります」(安部さん)
　これら『自己評価』や『バーンホーフアンケート』は半年に一度程度繰り返し行い、自分が今どの位置にいるか、前回からどれだけ伸びたかなど、スタッフ自身が把握できるような仕組みになっている。

接客の指針

スタッフの接客マインドの成長記録を残す

ノートに書いて各人の成長を記録

オーダーの取り方は
先月より上手になったわね

個人ノートに反省点や気づいたことを書いてもらう。それに対して指導員のスタッフがコメントを添える。１ヶ月前にできなかったことができるようになったとか、成長の過程を残すことで、新たな目標に向けての意欲を高めることにつながる。

個人ノート

各人の目標を書いてもらう

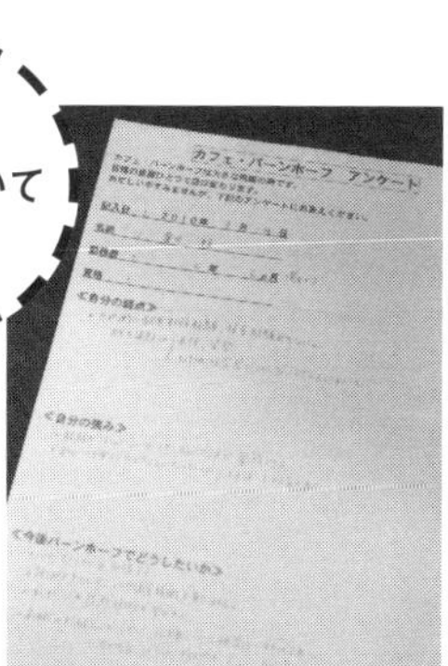

アンケートをスタッフに書いてもらう。自分の弱点克服のこと、当面の仕事の目標のこと、１年後の目標のことなど。目標を意識することで、プロ意識を育てている。

接客コンテストに出場

↓

店への誇りも育てる

⑤接客サービスレベルの向上を目的としたコンテストへの積極的な出場

コンテストという「仕事を見せる大会」に積極的に出場することで、接客技術を短期間で磨いている。

2011年は大阪市商店街総連盟が主催する「大阪市あきないグランプリ」で表彰。覆面調査形式で審査を行い、その得点で競う新店舗部門において、阪急三番街の代表となり、北区200店舗の代表、大阪市内2500店中25店の代表…と次々勝ち進み、優秀賞を獲得した。

また、日本ショッピングセンター協会が主催するCS接客ロールプレイングコンテストにも参加。協議時間内でお客役の俳優を相手に、出迎えから見送りまで接客「サービスを行うロールプレイングを審査員が審査する競技だ。1119人を収容する大劇場で決勝が行われることもあり、練習を重ねた同店のスタッフの一人が上位入賞を果たした。

「スタッフの名前や店の名前が表に出ることで、参加したスタッフの励みになり、接客のレベルアップが短期間ではかれる」と安部さんはいう。

また、ショッピングセンターが年に一度実施する覆面調査においても毎年高い評価を得ている。

接客の指針

接客について学ぶ
励みをつくる

コンテストに
参加して、練習
の大切さ実感し
てもらう

接客コンテストに入賞した賞状、盾は、しばらくの間だけ店内に飾る。その後は片付けて、次のコンテストに意識を向ける。

コーヒー教室の手伝い
↓
「教える」ことからも学ぶ

一方で、技術のスキルアップに直結しているのが、定期開催している『自家焙煎珈琲教室』だ。

2011年まで月に１度開催していた同教室だが、コーヒー人気が高まっていることもあり、2012年から週に１回、大阪・福島の本店にて開催している。１度に10名〜15名が集まり、焙煎、ハンドピック、抽出までをデモンストレーション形式で見てもらい、抽出はゲストも体験できるという内容だ。参加する人は、食品メーカーの人、コーヒー店開業希望者、そして、コーヒー好きの人。

メイン講師となるベテランスタッフだけでなく、アシスタントとして入るスタッフもローテションで組まれるシフト制に。全てのスタッフがコーヒー教室のアシスタントに当たるようになっている。

「コーヒー教室で教えるためにも技術が早急に必要になりますし、教えるために知識も必要。**先輩がどのように教えているかを見ることからも学ぶことは大きい**ですし、教室を手伝うスタッフとして、参加者からの視線を意識することでも、士気は高まります。コーヒー教室を手伝うスタッフもコーヒーのプロフェッショナルだと参加者は見ますから」(安部さん)

阪急三番街店は“ショールーム”と位置づけているため、通路を通る人にもカウンター越しにも､ハンドドリップを行う美しい所作も求められる。**コーヒー教室では、参加者の視線を集めるため、美しい所作を各スタッフが意識して研究するようになる。**それが営業中にも生かされるという。

「頼りないスタッフにはコーヒー教室の参加者からの質問が来なかったりすることも。コーヒー教室のアシスタントをすることは、自分のレベルを見るための土俵という意味でもあります」(安部さん)

「教える」場からも学んでもらう

大阪・福島の本店にて開催しているコーヒー教室。スタッフとして手伝いすることで、一般の人への教え方を学べる。また、参加者から質問されることで、プロ意識も強くなる。

「コーヒー教室に来ているお客様ひとり一人、その人が何を目的に参加しているのかを読んで、それに合わせて伝える訓練にもなります」(濱田さん)

　このようなコーヒー教室以外にもカッピングやSCAJ(日本スペシャルティコーヒー協会)が主催する大会の手伝いなど、積極的に参加することで技術を磨いている。

接客の指針

自分のレベルを客観的に見れる場に参加

顧客データの管理

↓

記録より記憶を大切に

阪急三番街店では、コーヒー豆、コーヒーギフト、生ケーキ、焼き菓子も販売する。2003年のオープン以来、ポイントカードも導入している。

バーコードを読み取ると、これまでの購入履歴がレジの画面にに表示されるので、そのお客の好みなども確認することができる。

来店客全員のことを覚えることはできないので、こうした顧客データが管理できることはたいへん便利だ。

ただし、いちいち、提出されたカードで確認していると手間がかかる。データで記録されるのは便利だが、**それよりも、常連客のことはなるべく憶えるようにしている。**

たとえば、よく来てくれているお客に、コーヒーを出すたびに「ミルクはお使いになりますか？」と尋ねたら、「毎回使うって言っているのに、また聞くんだ」とお客は残念に感じるだろう。経験の長いスタッフは覚えていても、接客には若いスタッフが当たることもある。

そこで、ミルクは使わない常連客に、若いスタッフがコーヒーとミルクのセットして運ぼうとしていたら、ミルクはいらないことをその顧客のことを知っているスタッフが合図する。声に出して「ミルクはいらないから」と指示すると、それを他のお客が聞いたときに、「えっ？　自分はミルク欲しいけど、どういうこと？」と不審に思う可能性もあるので、わからないように合図する。

だから、若いスタッフが接客にまわっているときは、先輩はスタッフの動きを見るだけでなく、接客相手が自分の知っているお客かどうかまで気配りをする。

営業中に「教える」ということは、柔軟さが大切だと安部さんは言う。店の隅に呼んで教える、というような、聞く側が堅苦しく感じるような場面で教えても、「苦痛」しか残らないかもしれないし、その後の接客にも影響しやすい。構えないで聞けるよう、雑談の中で教えるようにしている。

**データ管理
だけでなく、
記憶も大切に**

コーヒー豆等、物販を購入した履歴をメンバーカードで確認することはできるが、それに頼らない。駅に隣接するショッピングモールの飲食フロアだが、常連客の比率が高い。お客の好み、コーヒーにミルクを入れるかどうかなどは覚えるようにする。

接客の指針

先輩が後輩の接客をサポート

「資格」で意欲を高める

↓

給与体系で応援する

新人スタッフをのぞき、**全スタッフがコーヒーマイスターの資格を有する同店。**『ホームコーヒーを広げる』というコンセプトのもと、プロ意識を持って集団でトップレベルを目指す。それはコーヒーの状態や品質をテイスティングによって図るカッピングにおいても然りで、米国スペシャルティーコーヒー協会によるカッピングの資格「SCAA Certified Cupping Judge」においても 日本人有資格者250人中、６人がバーンホーフのスタッフであることも、同店の士気の高さや技術力を表している。

そんな士気を高める一要因として、同店の給与体系が挙げられる。
同店では、店ではスタッフ一人ひとりに肩書きがなく、社長である安部さんも名札にはフルネームのみ。店長もいない。店長と呼ばれる人がいると、店長とだけ話したいお客が現れるからだ。

店で呼び合う時も全スタッフが名前に「さん」を付ける。安部さんのことを「社長」とは呼ばないで、全員が「安部さん」と店では呼ぶ。

店での肩書きはないが、給与においては資格取得や技術、役割などがあり、給与に影響する。

努力すればするほど、一定の基本給にプラス給金が発生していくシステムで、例えば、カッピングの資格取得で月額５万円のアップ、コーヒーマイスターの資格取得で月額１万円のアップ…という具合だ。

プロの世界だから、年齢・経験年数に関係なく、得意分野がある人はない人より報酬が高いのは当たり前で、報酬を上げてくれたら勉強しますは全く通じないことを認識してもらう。

その役割とは、

●カッピングテイスターの資格取得

●コーヒーマイスターの資格取得

●インチャージ

●焙煎技術担当

●ハンドピック

●指導員

なお、「インチャージ」とは責任者を一般的に指すが、阪急三番街店ではお客の席への誘導やスタッフの動きの采配などを行う役割の人を指す。ショッピングセンターの通路から全てオープンエアになっており、客席に通じる入

スタッフ全員がコーヒーマイスターの資格を修得

日本スペシャルティコーヒー協会が実施しているコーヒーマイスターの資格を社員は全員取得している。その他、コーヒーのプロとしての資格取得に向けて、皆が意欲的に取り組んで、その成果に対して会社から報酬も出す。

口がたくさんあるため、どこからお客が入店してもすぐに気づくよう阪急三番街店のみ配置している。

また、例えば、コーヒーの待ち時間が長く、不機嫌そうな風情のお客に声をかけたり、急いでいる風情のお客に声をかけるなど、お客の様子を見てフォローにまわる役割も担う。こうした細やかな接客サービスも同店が愛されている理由だ。

ハンドピックという、焙煎前のコーヒー生豆の中から欠点豆や異物をスピーディにできることも給料アップの項目。阪急三番街店でも、通路に面し

ハンドピックの技術も接客に生かす

通路に面した場所でハンドピックの作業を行う。「何をしているんですか?」とお客から声をかけられることもある。わかりやすく説明することも、接客会話の勉強になる。

た場所で行っている。忙しい店なので、合間を見て行うので、実際にはハンドピックを効率よくできるわけではないが、**「見せる」ことに意義があると考えて行っている。**お客から、「何をしているんですか」と聞かれることが多いからだ。そこに、会話が生まれ、高品質コーヒーに特化した店のコンセプトを説明できるチャンスも生まれる。

「それ何ですか？」と、コーヒーの生豆を見たことがないお客もまだ多い。そこでも、自家焙煎の特徴をアピールできるチャンスが生まれる。つまり、ハンドピックの技術を修得できただけでなく、お客に説明できるチャンスを生かせるようになると給料がアップすることにしている。

「ハンドピックからショーケース、ハンドドリップまで全て見せることで、感動を与えたい」と安部さんは話す。そして、『カフェ・バーンホーフ　阪急三番街店』を“コーヒーのショールーム”と位置づけ、全て情報公開するかたちで安心感を演出。これからも**「見せることでコーヒーの楽しさを広げたい」**という。

　いろいろなコーヒーの勉強をすれば、カフェを開くこと以外にも道は開けることも教えている。

　最終的には、「こんな店で働きたい」と感じてもらえる店をつくることが成功のカギだと安部さんは考えている。

接客の指針

資格取得という目標を

店全体を
見渡せる人に
報酬を

席を探しているお客はいないか。スタッフを呼ぼうとしているお客はいないか等、いち早く発見して誘導や指示をするのが「インチャージ役」。1日300人来店する忙しい中で、司令塔役は大切な役割。よって、インチャージ役がきちんとできるようになると、手当てが支給される。

カフェ
バーン
ホーフ

CAFE BAHNHOF

2003年6月開業　20坪18席

住所：大阪府大阪市福島区吉野1丁目14-8

TEL：06-6449-5075

営業：10時～19時

定休日：不定休

CAFE BAHNHOF 自家焙煎珈琲工房

2005年11月開業　20坪27席

住所：大阪府大阪市北区芝田1-1-3阪急三番街
南館B2F

TEL：06-6372-6651

営業：10時～21時

定休日：阪急三番街の休業日に準じる

株式会社プランズ

喜んでもらった
成功体験を原動力に。

株式会社
プランズ

2010年「第5回居酒屋甲子園」で
『うまいもん炙りいざかや炎丸　亀戸店』が見事優勝。
2012年の「第7回Ｓ１サーバーグランプリ」には、
代表取締役社長である深見浩一氏自ら出場して
見事グランプリを獲得するなど、
㈱プランズは接客サービスにおける
居酒屋トップクラスを誇っている。
まさに全国の飲食店経営者から目標とされている。

株式会社
プランズ

㈱プランズの深見社長は、1976年京都に生まれ。サントリー㈱や㈱リンクワンを経て、2006年に独立し同社を設立した。現在、東京と千葉で『いざかや炎丸』や『炎丸酒場』、『BBQrestaurant ENMARU』等の７店舗、シンガポー ルに３店舗を展開する。さらに居酒屋甲子園でも専務理事を務め、2010年３月より㈱ゼンショクにて「焼肉でん」「ステーキハンバーグ＆サラダバーけん」等25店舗の経営にも取り組んでいる。
「居酒屋甲子園でまだ２回優勝した店はないので、ぜひ再度優勝を」という目標を胸に、スタッフ皆でさらなるサービスの向上に努めている。

株式会社
プランズ

喜んでもらう場面づくり

↓

Never say “NO” 作戦

「2006年の創業当時、正直、商品力に自信がありませんでした」という、創業メンバーの一人・取締役の野田洋行氏。創業時のスタッフは深見浩一社長も含めて飲食店経験に乏しく、なかなか他店との差別化が図りにくかったのである。そこで得意なところは何だろうと考えた時、浮かんできたのが接客サービスだった。

そこで『炎丸』では、“お客様に喜んでもらえることをしてさしあげる”をモットーにした。

まず、「Never say “NO”(ノーとは言わない)」の営業を開始する。とにかくお客の要望には徹底して応える。

例えば、お客に「(メニューにはない)納豆オムレツが食べたい」と言われたことがあった。厨房に納豆がないのはわかっている。それでも、「作れるかどうか聞いてきます」とは答えずに「分かりました」と返事をする。そして、納豆を買いに店を出る。そして納豆オムレツを作って提供する。出来る限りのことはすべてやった。「ラーメンが食べたい」と言われて買いに行ったこともあるという。

お客の多くは、わざわざ要望をかなえてもらって非常に喜んでくれる。お客が喜ぶ姿を見る体験、成功体験が原点になり、**“もっと喜んでいただくためにはどうしたらよいか”を考え続けられるようになった**という。ここから接客サービスの質が上がっていく道しるべを作ることができた。

接客の指針

「お客を喜ばせる」という思いが店の原点

株式会社
プランズ

皆の前でロールプレイング

↓

守りの接客サービスを徹底

接客サービスについて深見社長がまずスタッフに言うのは、**「まず守りの接客サービスをちゃんとやっていないと、攻めの接客サービスをしたところで満足度を得られない」**ということである。

守りのサービスとは、身だしなみがキチンとしている、オーダーを取る時の態度がしっかりしている、皿やグラスを置くときにドンと音を立てないといった、接客係としての基本中の基本の部分である。

基本的なこととわかっていても、オーダーを取る時に目が泳いでいたり、お客と話している時に指で顔を触ったり、飲み物を音を立てて置いたり…と、本人も気付いていない変なクセが意外と多くある。そこを指摘して、意識してきちんと直させるため、同社では**ロールプレイングの手法を活用**している。店長がお客の役、スタッフは接客係を担当。お客役が入店してからのご案内、おしぼり、オーダー等一連の流れを実際に行なっていく。そして、こうしたほうがいいこと、直すべきことを随時、指摘する。

「ロールプレイングでは基本的にほめません。例えば“いま顔触ってたよね”とか、注意と指摘のみを行ないます。無意識でしてしまっている動作や所作を認識してもらいます」(深見社長)。

お客に喜んでいただく接客サービスより前に、ベーシックで、外してはいけない接客サービスの基礎の基礎の部分をしっかり叩きこむのである。

ロールプレイングは、朝礼後等の５分、10分といったちょっとした空き時間を活用し、毎日欠かさず行なう。さらに初めてすぐの２、３日の新人から、大ベテランまで全員が参加する。**ベテランの人も皆の前で同じようにロールプレイングをする。**

「初めての人が、ベテランの人を見て学ぶことも多いので、ベテランの人にも容赦しません。もちろん店長陣も自ら従業員役やお客の役を担当し、僕自身が見られる側になることもあります。」と深見氏。

例えば「ここのレバーを食べに来たのにないじゃないか」と言われた場合、「すみません、切らしてしまっています」ではなく、お好みのものを聞き出して、代わりのものをサジェスト（提案）する。ベテランの手法を学んで、基礎の上にさらに上級の接客サービスを積み上げていくのである。

接客の指針

日々のロールプレイングで接客強化

株式会社
プランズ

ネガティブな接客場面も練習
↓
「接客の引き出し」を増やす

ロールプレイングでは、ネガティブな場面、ポジティブな場面等、実際の接客の場で起きるシチュエーションを作り、それに対した対応をさせてみることが多い。例えばポジティブな場面だと、お客役が「この店とても気に入ったけど、仲間にどんな風に紹介したらいいの？」、ネガティブだと、「料理が熱くない」、「苦手な食材を抜いてくれといったのに抜いていない」といった感じで質問を行ない、それにスタッフ役が応えるのである。ポジティブなシチュエーションだと、皆比較的簡単に対応できる。

しかしネガティブなシチュエーションだと慌ててしまい、なかなかセリフが出てこない。そこで重要なのが、“引き出しの数を増やして上げる”ことだという。シュミレーションで場数を踏ませておくことで、実際そのような場面に出会ったとき、対応の“引き出し”が開けやすくなるのである。そのため**ロールプレイングの時には、答え方の上手下手ではなく、とにかく答えさせて、場数を増やすことを重視している**。

「みんな役者が揃っているので、本当のお客様よりうちのスタッフの方が怖かったりします」と深見社長。この時ばかりは上下関係もお構いなしで、楽しくみんなで学び合うのである。

接客の指針

**シュミレーションで
現場力を鍛える**

ロール プレイングで 日常的に 練習

メニュー表の写真と
違うじゃない

店員とお客役に分かれ、ネガティブな場面、ポジティブな場面をリアルな演技で表現。店員役のスタッフは、様々な場面での対応を自分の頭で考えて対応することで、実際の営業の接客もレベルアップ。

今日の馬刺しは最高だったよ。
やっぱり、
こだわっているんですか。

株式会社
プランズ

理念浸透に自作ムービー

↓

価値観の合うスタッフに

「コップを思いっきり上に向けているから、そこに水が入ってくれる。もしコップが横になっていたら、何を与えてもダダ漏れになってしまう。だからまず心づくりのところが大事です。」という深見氏。その心づくりとは、**「この会社で働いていることを自己納得していたり、自分がこのお店で働いていることをまわりから認められているという承認感を感じたり、存在意義を感じていること」**だという。これは、幹部や社員、アルバイト等立場によっても異なるため、それぞれにふさわしい場面を用意して育てていく。

例えばアルバイトの場合だと、まず同社のアルバイトは、99％がお客出身。お店が気にいって働きたい、と言ってくる人がほとんどなので、同社がどういう店なのかを理解しており、まったく価値観が異なる人は入ってこない。すでに初期教育が終わっている状態からスタートするようなものだ。さらに念押しとして、**アルバイト候補達にはまず同社のオリジナルムービーを見せる。**これは深見氏自ら作っており、会社の歴史と指針、ヴィジョン、年度計画を３分間でまとめたもの。これを見れば同社の理念が３分で分かるというものだ。このムービーを見せて「こんな会社だけど馴染める？」と店長が聞き、「よさそうです」といった人を採用する。

『炎丸』で働くことが自分に合っているか、納得して入ってもらわないと本人は伸びない。また、働き出しても『炎丸』の中で認められていることを意識できないと続かない。**そうしたスタッフの大切な「心づくり」のスタートが、この理念ムービーを見て納得できるかどうかだ。**なお、この理念ムービーを深見社長は、毎年、BGMも画像も更新している。

理念浸透の次が、価値観合わせである。今日来た新人アルバイトに、経営陣と同じような考え・価値観で働いてもらうことは不可能だ。しかし「“価

単語の解釈で、価値観合わせを

単語帳形式の「仕事ができる人の心得」(小山昇著)を、教科書としてスタッフに配布。本の中の言葉を社内の“共通言語”とし、価値観共有に役立てている。

値観合わせ”はできないが、“言語合わせ”はできると考えました。共通言語と行動を結び付けていけば、価値観が違っても行動は似てくるはず」（深見氏）。

そこで、共通の言語として、一冊の本を店の教科書にしたのである。この本は、単語帳形式で単語ごとに説明がのっているもの。例えば「悪天候」という項目には、「お客様と長く接せられます」と解説がある。

皆がこの本を読み込んでいる同社スタッフは、雨や雪の日になると自然に“接客時間長くしろ”と考えるという。本に載っている単語の解釈に共通の意識を持つことで、一人ひとりが違う価値観を１歩ずつでも埋めていくことを毎日積み重ねてきた。

実はこの本の存在は、お客様から教えてもらったもの。ずっと価値観合わせによい本はないかと探していたところ、お客様から勧められたのである。いまはアルバイトも含めたスタッフ全員に本を持たせ、研修会など折を見て、月に一回以上読み合わせをさせている。

接客の指針

**スタッフの価値観を
可能な限り近付ける**

目標となる「方針シート」

↓

毎月の目標を実現させる

理念、価値観合わせが出来たところで、次の要が習慣形成である。同社では、**接客サービスの中でどこを目的にするのかを、すべてのスタッフごとに明確にさせるため、個人ごとに「方針シート」を提出させている。**

これは、「○○さんは、新規のお客さんへのメニュー説明を完璧にできるようにする」、「△△さんはドリンクを作れるようになろう」など、個人ごとに月ごとの目標を記したもの。店長がアルバイトスタッフとしっかり面談し、無理のないように作成している。各人の目標に照らし合わせて、前述したロールプレイングでの練習内容も合わせるようにして、皆で目標達成できるように応援する。

方針の立て方にも決まりがある。テーマを決めて、具体的行動の内容を決めて、その達成基準も明らかにする。この３つに分けて目標達成までのプロセスを明確に作成させる。そうやって本部に提出されたものを、全店分を取締役の野田氏がチェックして訂正。さらに２店舗に一人置いている店長兼任のマネージャーが、実行月の半ばに進捗管理し、月末の目標達成へと導くのである。

「目指すところ、理念をムービーで端的に感じてもらい、本の輪読で価値観合わせたを積み上げた上で、毎日の仕事を通じての習慣形成として目標設定を上手に行ないます。この３つのラインを日常の営業でうまく入れ込んでいって、研修会等でどこまで成長しているかをチェックしながら、一カ月のサイクルをうまく回していく」(深見氏)

非常によく出来たシステムだが、回すのは「人」。そのため役員を中心にシステムがうまく回るように尽力し、ずれてきた人には個別でフォローも行なう。

さらに「〇〇までできるようになれば時給がここまで上がる」等、目標設定と時給や昇給を連動させているのも、同社の上手なところ。金銭的なメリットとヤル気・努力をマッチさせ、上手にモチベーションアップとモチベーションの維持へとつなげているのである。

接客の指針

各人の目標を全社的にバックアップ

毎日の朝礼は、短時間でしっかり

↓

できることを着実に増やす

毎日の朝礼は、営業開始15分前位にスタート。朝礼は5分～10分で終わらせる。短い時間だが、「これだけは、しっかりやる」という項目を伝達し、毎日の共通認識としている。

その日の予約状況を確認し、日替わりのおしぼりの香りとお茶の内容を申し送りする。おしぼりの香りはミントやレモングラス等、お茶はほうじ茶、コーン茶等それぞれ6，7種類を用意し、日替わりで提供している。「今日のおしぼりはミントの香りです」と伝えながら渡せ、お客との会話が広がるきっかけにも役立つ。リクエストがあれば他の香りのものに変えたりもするので、その日のおしぼりの香りは何かを覚える必要がある。

次に、**その日に重点的にチェックする接客サービス項目を読み上げる。**これは、居酒屋甲子園で行なわれている40のチェック項目が基になったもので、**項目と正解を書いた単語帳を作り、全員に渡している。**

その単語帳には、たとえば、表側に「ファーストオーダーの時にお勧めのメニュー（ドリンク）の提案があったか。」「メニューの問い合わせに対しての対応は適切だったか。」などと書いてあり、めくって裏側を見ると適切な対応法が書いてある。その単語帳から1項目ずつ選んで、その日はその1項目を重点的に意識して接客サービスするのである。

さらに朝礼では、**1項目に対して非常によい対応である「VG（ヴェリーグッド）」、失敗した対応である「NG」がどのようなものなのかを具体例を挙げて話し合い、それをノートにもまとめる。**そのノートを他店とも共有することで、全店で知識を底上げしていっているのである。

続いては**「本日のクリンネス」として、重点的に掃除する場所を指定。**毎日掃除が必要ない箇所も、一週間でひととおり掃除するように決めており、その日の場所を確認するのである。

その他、**その日の食材の産地や特徴、調理法等の情報を共有し、解散となる。**効率的にテキパキと行なわれ、時間としておよそ５～10分。その後余った時間で、ロールプレイングを行なうのである。

接客の指針

効率的な朝礼で接客力をアップ

朝礼は短時間でみっちり

毎日行なう朝礼は、5～10分という短時間でさっと行なうことで負担を軽減。重要項目を絞り込み、テンポよく確認していく。

1日1項目、接客を重点チェック

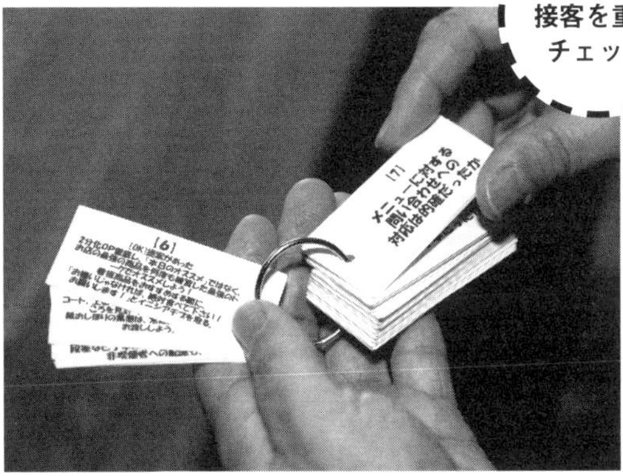

「居酒屋甲子園」で行なわれている40のチェック項目を基に、単語帳を作成してスタッフ全員に持たせている。朝礼で1日1項目を読み上げ、その日特に重点的にクリアする。

株式会社
プランズ

「感動ストーリー」の提出

↓

感受性の芽を育てる

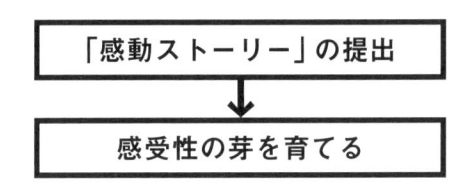

同社では、**「感動ストーリー」という企画を実施している。**これは、自分が嬉しかったこと、お客様にものすごく喜んでもらったというシチュエーションを提出してもらうもの。毎月、社員、パート・アルバイトスタッフを含めた全員から提出してもらう。キッチン担当の人にも提出してもらう。実際にお客に喜んでもらった話でなくても、「こうしたら喜んでもらえるのでは」という提案もオーケーにしている。

この**全スタッフから毎月提出される「感動ストーリー」の中からナンバーワンを本部で選んで表彰している。**

さらにMVPを取った作品は「感動ストーリー　MVP受賞作品」として全店のトイレに張り出し、お客様にも読んでもらう。

「一位を掲げてあげて、皆から称賛してもらう。感受性を高めるトレーニングをどのようにやるかと考えて作った仕組みです。自分自身を振り返って文章に落とし込むということが大事です。また、接客サービスというサービスは無形のもので、後に残らず流れていってしまうもの。表彰された人の「感動ストーリー」は、皆に配られて店にも貼り出される。それを読むことで他のスタッフもインプットできる。○○店の○○君が表彰されている。確かにこの内容は表彰されるなあ。自分も頑張らないといかんなあ、といった感じで受け止められる」と深見社長。

キッチン担当でもホール担当でも、経験の長いアルバイトでも、経験の浅いパートでも、**接客サービスという仕事に対して考えさせる時間を持たせることが肝要なのである。**

この試みを続けていくうちに、皆段々と接客サービスについて深く考えていくようになっていく。

新人のアルバイトがよいことを書いてくることも多いという。ある高校生が、早い時間に仕事を上がらないといけなくて、帰る時にお客に「お先に失礼しますが、ごゆっくりどうぞ」と挨拶したら、「帰る時まで声をかけてくれてありがとうとお客様に言われたという。それに対して彼は、「感動ストーリー」に「それだけのことでもこんなに喜んでくれて嬉しかった。」と書いてきた。

「短い、なんてことのない文章なんですが、僕たちからすると心が震えるんですね。こんな『感動ストーリー』を提出してくれた子がまた、厨房からなかなか出たがらなかった子だったりして。最初の一歩を踏み出したぞ、と。感動ストーリーのいいところです」と深見社長。

自由な接客サービスを勧めているため、やりすぎも一杯ある。例えば以前、旅行中らしい中国人のお客が来店した。満席でかなり大変な場面だったが、スタッフ達はなんとか中国語で料理を提供したいと、合間を見て中国語を検索し「シンクーラー(おつかれさま)」という言葉を探し当て、ビールを置く際にその言葉をかけたという。するとうつむき気味に食べていたお客様が一気にこちらを見てくれ、喜んでくれた。常連になってくれる訳でも、他へ口コミが望める訳でもないシーンだ。他のお客のことを考えると、そのお客にかかわり過ぎで、“やりすぎ”とも言われかねない場面だが、「お客様にとっても、その従業員にもよかったと思います。」と深見氏はほめる。「○○しちゃダメ、とはいわず、ええんちゃうと言う」深見社長のもと、皆が委縮せずにのびのびと自身の接客サービスを探求している。それがお客にも自然と伝わり、ファン客を続々と増やしているのである。

同店のもう一つの表彰ものとして、**「ハッスル　オブ　ザ　マンス」**がある。

感動
ストーリーを
考える素に

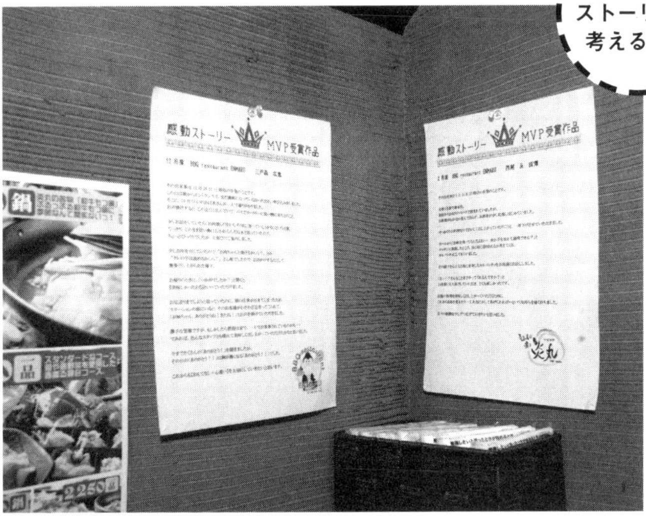

毎月スタッフから提出される「感動ストーリー」の中から、ナンバーワンになった作品を全店のトイレに張り出す。お客にも読んでもらえるし、スタッフ同士の刺激にもつながる。

こちらは、“その月一番頑張っていたであろう人”に対し、各店舗ごとに皆が1票ずつ投票し、各店で月一人が表彰されるというもの。やる気が評価されるので、入ってきて一生懸命やっている新人に集まる傾向が強いという。“ハッスル”という無形のものが評価される楽しさも、いかにも同店らしい賞と言えるだろう。

君が一番
ハッスル
していた！

店舗で“最も頑張っていだであろう人”を毎月1人表彰。入ってきて一生懸命に働いていた新人など、その人の努力を評価する賞である。

接客の指針

スタッフの感情や意欲も評価対象に

株式会社
プランズ

社長塾や社長ブログでメッセージ

↓

視覚や動画で伝える・教える

「**社長塾**は、最近の僕の大切な仕事です。アルバイトを集めて月１回、濃密な２時間を過ごします」と深見社長。月ごとに内容は異なり、参加メンバーや会社の状況に合わせてテーマを作る。

例えば2012年３月には、第７回Ｓ１サーバーグランプリの決勝に出る深見社長に対し、過去の全国大会のロールプレイングを見てアドバイスをする会。またある月には、大学を卒業するアルバイトに向けて、就職後に役立つことをアドバイス。接客サービスや料理の知識を教えたり、価値観を徹底して指導することもある。

また、深見社長が“感動する動画”を10個ぐらい集めて見せることもある。家族の話、昔の日本人、ナデシコジャパンの裏の話など、見て感動し、感想を言い合うことで心が洗われると好評だ。「最近の若い子は、右脳からしか情報を取らない。活字よりも動くものに反応する傾向が強いです。そこで理念もムービーにしました。動画で右脳を刺激して、伝えたいことを伝えていきたい」(深見氏)。

「社長塾」の参加者には、スタンプカードを配り、１回参加するとスタンプ１個を押す。20個たまると旅行に連れていくことになっている。その他は無給なので、参加率で内容の是非が問われることになる。「来たかいがあったと思ってもらえるクオリティーのものを作る」ことを目標に深見氏自ら力を入れて実施しており、出席率は８割を超えている。

また、**「感受性豊かなスタッフ」づくりを重視する同社では、名刺の名前が自筆の筆文字で書かれており、筆文字が上手にならないと名刺が作れない。**これは、お客様へのメッセージ等を誰もが筆で書けるようにと考えてのこと。予約のお客には、和紙等に名前を書いて出迎えるし、誕生日や送別会等のお客には、メッセージ入りの色紙をプレゼントする。パソコン時代だからこそ、筆文字でのメッセージからは、思いや気持ちも含めて伝えやすい。

皆が筆字をたしなむため、事前に分かっていなくとも、**誕生日のお祝いで来店したお客には、その場でさっとメッセージを色紙に書き、お客に渡すこともしている。**

さらに社長発の情報として、深見氏はブログも大いに活用している。「アルバイトにも会うと“ブログ読んでるか”と声をかけて、思い出させて読ませています」（深見氏）とのことで、２日で３記事をアップし、月10万アクセスがある。「社長が何を考え、いま何をしているのかを知らしめる手段として有効で、アルバイトとの距離もすごく近くなり、理念も浸透しやすくなる」（深見氏）。「雲の上で何をやっているか分からない社長ではなく、**現場にも入り、店にも入る」という社長の存在が、より身近に感じられるのが、ブログなのである。**会議シーンの写真も載せるが、固いとあまり読んでくれなくなるので、「皇居周りを走った」など緩い記事もと写真を混ぜながら構成しているという。従業員のお母さんからコメントが来たりということもあり、高校生アルバイトも多いなか、親ごさんの安心感にもつながっている。その他、ツイッターやLINE，トークノート等、SNS系には積極的に活用し、現代の若い世代の心を掴んでいる。

接客の指針

**SNS系を活用し、
積極的に情報を発信**

株式会社
プランズ

他店、産地での研修

↓

体験を発表する力も育てる

社員研修の一環として、食材の生産地への旅行も頻繁に行なっている。社員だけでなく、「社長塾」でハンコを集めたアルバイトスタッフも対象だ。店で使わせてもらっている食材の生産地に行き、実際の生産地を見学し「生産地レポート」を作成させる。現地で生産者の思いを聞くことで、参加者は自分の言葉で熱意を持って語れるようになるという。自社農場も契約しており、そこでの収穫も自分達で行なう。

また**「産地に行った情熱は、一定のメンバーまでしか伝わらない。それを他のスタッフに伝えきるまでが研修です」**(深見氏)との方針で、参加メンバーは、プロジェクターや写真を使った資料を作り、非参加スタッフにプレゼンまで行なう。このことで、他のスタッフまで食材に対する思いが伝わり、接客サービス力もアップしているのである。

また研修という形で、**２週間強ぐらい知り合いの飲食店に“押し込む”「他社修業」もよく行なっている。**こちらは社員限定で、背サービスから料理の技術など受け入れ側によって様々な事が目標となる。自社とはまた違ったシステムの中、短期間で集中してレベルアップを図るのだ。こちらも社外から新たな力の取り込みにつながり、社内の活性化に大いに役立っている。

同社のスタッフの比率は、比率は社員２人、アルバイト10人未満が基本の形。店の規模は40坪位までを基本にしているため、この形にはあまりぶれがない。現在うまくいっているマネジメントシステムをいかすためにも、今後も40坪以上の大箱店舗は考えていない。また、教育システムを乱さないためにも、海外も含めて無理な出店はせず、１年で２店舗ずつを基本に増やしていく予定だ。

社員も中途採用はほぼゼロ。アルバイトから昇格試験を受けて社員になるというパターンがほとんどなので、社員側からぶれることもない。

最近は海外での進出も進めている。社員は日本人だが、アルバイトスタッフは現地で募集。去年３店舗を出したシンガポールでは、多民族社会なので日本とはまた違った苦労があった。

しかし、理念合わせ、価値観合わせでは特に苦労しているものの、目標設

生産地に頻繁に視察旅行を実施

社長をはじめ、社員、アルバイトを連れた視察旅行を頻繁に実施。どのような場所で、どのような想いを込めて育てられた食材かどうかを知ることで、店でのセールストークも変わってくる。

定等のプロセス管理はうまくいっているので、基本的には日本のシステムで進めている。「勤勉な日本人のリーダーが一生懸命やっているという姿が新鮮らしく、上手くいっています」と深見氏。今後も日本と同じく接客サービスを大事にしながら、アジアを中心に海外進出も進めていく予定だ。

接客の指針

研修旅行や他社修業で活性化

旨い地魚と鉄板料理 炎丸
東船橋店

住所：千葉県船橋市東船橋1-38-３
TEL：047-411-3552
営業:17時～24時(ラストオーダー23時30分)
定休日：水曜日

牛もつと大衆鉄板料理 炎丸酒場
五反田店

住所：東京都品川区西五反田2-18-3
TEL：03-3491-7701
営業：17時～26時(ラストオーダー25時)
定休日：日曜日

牛もつと大衆鉄板料理 炎丸酒場

住所：東京都葛飾区西新小岩1-3-4
TEL：03-3694-7714
営業：17時～25時(ラストオーダー24時)、日曜日17時～24時(ラストオーダー23時)
定休日：水曜日

BBQ restaurant ENMARU
ららぽーと新三郷店

住所：埼玉県三郷市新三郷ららシティ３-1-1-2030
TEL：048-959-7443
営業：11時～25時(ラストオーダー24時)
無休

和・旬・うまいもん いざかや
炎丸 新小岩店

住所：東京都葛飾区新小岩1-32-４
TEL：03-3653-0333
営業:火曜日～木曜日17時～25時(ラストオーダー24時)、金曜日と土曜日17時～27時(ラストオーダー26時)、日曜日17時～24時(ラストオーダー23時)　定休日：月曜日

和・旬・うまいもん いざかや
炎丸 本八幡店

住所：千葉県市川市八幡２-13-19
TEL：047-334-6095
営業:火曜日～土曜日17時～27時(ラストオーダー26時)、日曜日17時～24時(ラストオーダー23時)　定休日：月曜日

和・旬・うまいもん
いざかや炎丸 亀戸店

住所：東京都江東区亀戸２-26-６
加藤ビル１階
TEL：03-3683-6833
営業：月曜日～金曜日　ランチ11時30分～14時、ディナー17時～24時(ラストオーダー23時)、土曜日　ディナー17時～24時(ラストオーダー23時)　定休日：日曜日

JAPANESE IZAKAYA
炎丸 ENMARU

住　所：11 Laguna Golf Green Singapore 488047
TEL：65-6248-1722
営業：12時～15時　17時30分～22時(ラス地オーダー21時30分)　定休日：月曜日

JAPANESE YAKITORI
炎 ENMARU

住所：２ Orchard Turn Singapore 238801
TEL：65-6636-7282
営業:11時30分～15時　17時30分～22時(ラス地オーダー21時30分)　定休日：なし

ヒッコリーファーム

もてなす心と笑顔で、お客様の喜びを増やす。

ヒッコリー
ファーム

子ども連れにもやさしく、
地域の人に愛される店を目指し、
「大切な人を自宅でおもてなしする」を
テーマにした接客をする。
新人も含め、コンセプトに向かって自分で考えて
お客に関われるスタッフを
育てているのが、ヒッコリー株式会社だ。

ヒッコリーファーム

神奈川県内を中心にピザレストラン５店舗(うち１店舗はケーキ工房併設)を展開しているヒッコリー株式会社。創業は1978年、オーナーの清水良剛氏が夫人と共に、神奈川・登戸にて、オーブンで焼くアメリカンタイプのピザとグラタンをメインにしたレストラン『ヒッコリーファーム』を開業した。その後、イタリア製の石窯をいち早く導入し、イタリアスタイルのピザを提供する店『オールドヒッコリー』を出店。現在、神奈川・東林間店、大和店、平塚店、東京・町田境川店の４店舗、創業の登戸店を含めた計５店舗を展開中である。

ヒッコリーファーム

小さな子ども連れ客を大事に

↓

子どもにも親にも配慮した店づくり

ヒッコリー株式会社では創業時より、小さな子どものいるファミリー層のニーズに応える店づくりをしている。開業当時の70年代といえば、ファミリーレストランチェーンもまだ数少なかった時代。清水オーナー夫婦には小さな子どもがおり、「子ども連れでも気兼ねなく食事ができるレストランが近所にあったら」という自身の思いを、店づくりに反映させた。

わずか28席という規模の店内に、当時では珍しい4畳半ほどの広さのキッズルームを設けた。また、安心安全な食材選びにも力を注ぐといった取り組みで、ファミリー層を中心に集客。その後も、住宅の密集する郊外立地で出店を進め、親子二代で通うファンを掴んでいる、人気の地元密着型レストランになった。

そうした特色を打ち出すとともに、主力メニューであるピザのクオリティーアップにも注力。1988年にはミラノピザ協会に加入し、イタリア・ミラノのピザづくりの技術を導入。毎年、イタリアで開催される世界ピザ職人選手権大会に参加し、様々な部門で入賞を収めるなど、世界基準の技術を持った職人がつくる本格ピザでも評判を高めている。

接客の指針

ターゲットを地元住民に絞る

もてなしの基本は笑顔

↓

「笑顔の体操」から始める

ファミリーを主客層にする同社の店のコンセプトは、**「地域の人たちに家庭の食卓のように使ってもらえる店」。**家族や友人とともに、日常の食事から誕生日や記念日のお祝いまで、あらゆるシーンで使ってもらえる店である。

そうしたコンセプトを掲げた上で、接客サービスの基本姿勢としているのは、**「自宅に大切な人を招いておもてなしするスタイル」**だ。自分にとって大切な人に喜んでもらうためには、どのように関わっていけばよいのか。それを常に考え、「大切な人＝お客様」に置き換えて、アットホームな接客サービスを実践し続けている。

まず、**歓迎の気持ちを表すための基本である「笑顔」。**ホールスタッフは、高校生から主婦まで活躍するパート・アルバイト（同社では「キャスト」と呼ぶ）が中心。

ツー
スマイル
サービスを
基本に

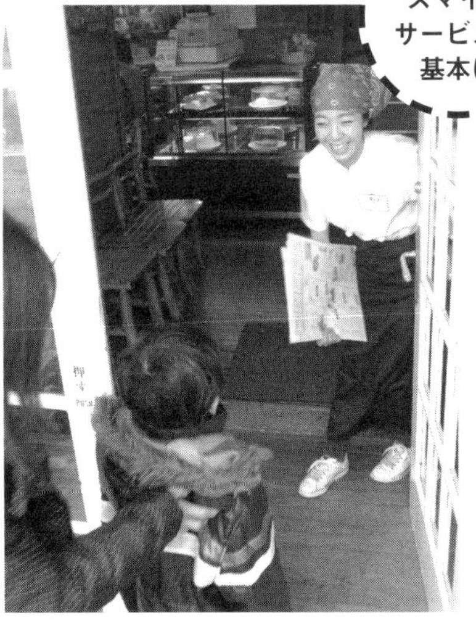

スタッフをトレーニングしていく上での大切なキーワードが「ツースマイルサービス」。同店のにこやかな接客は、お迎えからお見送りまで続けられる。

年齢層こそ幅広いものの、スタッフたちのにこやかな対応は、多くのお客から好印象を持たれている。同社では、トレーニングの際のキーワードとして笑顔でお客の反応をダブルチェックする**「ツースマイルサービス」**を実践。お客と接する際、言葉だけでなくアイコンタクトによって、お客の要望の受け入れと確認ができるような接客を目指している。

笑顔の接客を実現するための取り組みが、シフトインする前にスタッフ全員で必ず行っている**「笑顔の体操」**である。

●きちんとお客と目を合わせて接客するための「目を動かす」体操

目を上下、左右、斜めに動かす。２人で視線を合わせる練習をして、お客と目を合わせて接することができるようにする。

●お客からの呼びかけにすぐ対応するための「耳をすませる」体操

店内の様子に10秒ほど耳を傾けてみて、小さな声にも反応できるようにする。

毎日の朝礼で自覚をうながす

ベテランのパートも高校生の新人アルバイトも、シフトインの前にはオフからオンへ、気持ちの切り替えが必要。その仕掛けとして、毎日必ず朝礼を行う。

●はっきり受け答えができるようにするための「声を出す」体操

「ア、イ、ウ、エ、オ」と口を大きく開けながら発声練習をする。

●機敏に動くための「体をほぐす」体操

軽く反ったり首や腰、首を回したりして、約30秒間体を動かす。

●スタッフの一員としての自覚を促すための「イメージトレーニング」

「私はこの店で最高のサービスができる」「私はスターだ。私語はしない」など、一人ひとりがヒッコリーの主役であることを自覚するためのセリフを唱和する。

笑顔体操をしてからシフトイン

笑顔の練習とともに、情報発信をするための発声練習も重要。「ア、イ、ウ、エ、オ」と口を大きく動かして声を出す。

次に自分の手のひらに向け、手の中心の一点に息が集まることを意識しながら、短く「アッ、アッ」と声を出す。

●最後に笑顔をつくる

スタッフ同士が向かい合い、一番素敵な笑顔をつくる。

朝礼の際などに社員やアルバイトリーダーが主になり、この「笑顔の体操」を実行することで、笑顔を意識するのはもちろんのこと、「ゲストの前では誰もがヒッコリーの代表である」という自覚を促し、スタッフの一員として気持ちを切り替えて仕事に入れるようにしている。

理念の唱和でイメージトレーニング
私はこの店で最高のサービスができる
私はこの店で最高のサービスができる

仕事に慣れてくると気持ちも緩みがちになる。「誰もがヒッコリーの主役である」ことを忘れないよう、シフトインの前に自覚を促すためのセリフを唱和する。

接客の指針

店の代表であると自覚する

接客の好スタートを

↓

最初の会話で情報収集

「笑顔」とともに接客で心がけているのは、お客への積極的な「声かけ」である。前述のように、同社の接客のテーマは「大切な人を招いておもてなしをする」こと。自分にとって大切な人を自宅に招いたら、その人に喜んでもらうために気遣い、声をかけずにはいられないはずである。そうした、人づきあいの中の基本である「声かけ」が自然にできるよう育てている。

特に、**接客サービス全体の８割もの比重を費やしているのは、お客にメニュー表を手渡してオーダーをとるまでの“最初の会話”だ。**

「今日は初めてのご来店ですか？」

このお客は新規客なのか、何度か来店したことのある客なのか、それとも常連客か。それぞれのお客の店との関わりについて最初の段階で聞き出し、情報を得ることで、個々のお客に喜んでもらう働きかけができるようになる。

具体的には、新規客「Ｓ」、再来店客「Ｋ」、常連客「Ｒ」と３分割し、それぞれに合ったメニューの伝え方やお客との関わり方ができるようにしている。たとえば、会話の中で「Ｓ」の新規客であることがわかれば、お試しメニューとして用意しているスタンダードなコースをお勧めし、「Ｒ」の常連客なら期間限定で提供する季節のピザを勧める、といった具合だ。

同社のメニュー表は、店の様々な情報を発信する新聞形式になっており、メニュー選びには言葉を添えた説明が必要になる。そのため、メニュー表を渡すときにお客との会話が生まれ、お客の要望や好みもキャッチしやすくなる。

オーダーの際にキャッチできるのは、来店度合いだけではない。お客同士の親密度によっても接客サービスは変わるので、関係性も探りたい。

「今日は何かのお集まりですか？」

同店では、**「おいしいものを分かち合って食べるところに笑顔や会話が生まれ、楽しい食事の空間を提供できる」という考え**から、みんなで取り分けながら食べるスタイルを提案している。ただ、グループで来店してもさほど親密ではない関係だった場合、取り分けでなく個々で食べたいということもある。最初にお取り分けするかどうか確認し、押しつけにならないよう配慮することも、必要である。

また、店へ食事に来る目的や状況も人それぞれで、ピザを目当てに来た人、お腹が空いていてとにかくいっぱい食べたい人、あまり時間がない人など様々である。こうしたお客の事情も、会話からなるべく汲み取れるようにしている。

たとえば、あまり時間がないお客が来店してピザを注文した。しかし、店の混雑具合によっては、ピザのオーダーがたくさん入っていてそれ以外のメ

メニュー表

お客と会話をしながらメニュー説明ができる新聞形式のメニュー表。メニューに関することやイベントの話題などを載せ、料理を待つ間に読めるような内容にしている。

ニューの方が早く提供できる場合もある。それは店側にしかわからない事情なので、急いでいるお客と最初からわかれば、注文を受ける際、「今はピザよりグラタンの方が早くご提供できます」と一言添えることができる。もし、お客が急いでいるという事情を知らないままだったら、料理を待たせてしまい、お客に不満を残してしまうことになるだろう。

このように、最初のお客との関わりに比重を置いているのは、個々のテーブルに合ったオーダーのおすすめができることから始まり、**すべてにおいて「どれだけお客に喜んでもらえるか」という店の最重要部分がかかっている**

接客の
始まりの会話
を大切に
今日は何かの
お祝いですか？
OLD HICKORY

メニュー表を渡す際の最初の会話は、接客のスタートライン。お客の来店頻度や来店目的などの情報をキャッチし、その後の接客に活かす。

からだ。

どれだけ経験を積んだベテランのスタッフでも、最初からお客のすべてをわかっている人など誰もいない。だからこそ、勇気を持ってお客に質問し、入り込んでいくことが必要である。「今日は初めてのご来店ですか？」「今日は何かのお集まりですか？」と聞けるかどうかは、いわば接客のスタートラインだ。

「最初にお客様と密に関わっておくことで、その後も『お料理の量は足りていますか？』『お味はいかがですか？』とスタッフから声をかけやすくなり、お客様が本当に満足しているかどうか確認もできます。自宅に人を招いた時に『お腹がいっぱいになった？　デザートにしようか？』と声をかけるのと同じ考えです」と、店舗責任者の一人、小野田真弓さんは話す。

最初の関わりの部分を特に丁寧に行っておくほど、料理を提供していく中でのお客と関われるタイミングが増える。いま何か要望はないか、常に気を配って声をかけることは、お客の喜びにもつながる。その声かけに対するお客の反応は「とってもおいしかったよ」というものばかりではなく、「ちょっと辛かったな」「量が多すぎたよ」といった意見も出てくるだろう。お客に声をかけた者の責任として全ての反応を確認し、至らなかった点は反省して改善しながらお客の喜びを増やしていくことを目指している。

最初の会話でお客の情報を掴み、関係を密にできれば、その後の声かけもしやすくなる。何か要望はないか、本当に満足してもらえているか、お客の反応を見ながら、さらなる喜びを増やす接客サービスが実践できる。

接客の指針

お客に興味を持って知る

ヒッコリーファーム

新人教育の第一段階

↓

笑顔、元気、チャレンジ

お客に喜んでもらう接客を、実際にどうやって指導しているのだろうか。同社では、店から「こうしなさい」と指示するのではなく、一人ひとりが考えて接客できることを目指している。

前出の小野田さんは、「マニュアル的な接客サービスではなく、**“自分だったら友達をこんな風におもてなしする”という気持ちを活かしてほしい**と、スタッフには話しています。接客を“覚える”のではなく、お客様にどうしたら喜んでもらうかということを考え、コンセプトに導くという姿勢が大切です」と言う。

「自分ならこうする」というおもてなしの考え方は、誰が教えずとも、もともとスタッフの一人ひとりが持っているもの。それを店側がありたい方向に引き出しあげて、実践に活かしてもらう。そうすることで生まれる「一人ひとりの心からの言葉を活かした接客」こそが、同社の特徴でもある。

こうした接客を新人のパート・アルバイトでも実践できるよう、店側でも仕掛けをつくっている。高校生も採用している同社では、「アルバイトをするのは初めて」という人も多く、「仕事を教えてもらい、頑張って覚えていきます！」と意気込んで入ってくるケースも目立つ。

そこで、**まず新人スタッフには「元気なあいさつ」を心がけてもらう。**笑顔で元気に「いらっしゃいませ！」といってお客を迎える。お客が困っていると感じたら「何かお困りですか？」と声をかける。こうしたことは、具体的な店の業務を覚える以前に、誰もができることなので、まずは怖がらずにチャレンジしてもらう。そうして、「アルバイトを始めたばかりの私でも役立っているんだ」と感じるように促す。これらのことは、面接からオリエンテーションまでの間に意識づけをしておく。

そして、店の接客サービスのテーマである「自宅に友人を招いたときどのように関わっていくか」について考えながら、**「失敗を恐れずチャレンジしていく人がこの店で求められている」ということを理解する**ため、繰り返し繰り返し指導していく。

同社の店舗責任者の糸井孝之さんは、新人スタッフ教育についてこう話す。「新人スタッフには、“自分にとって大切な人を迎える時の行動を考えて、それを形にしてみよう”と話します。大切な人が来る日は、ちょっと緊張しながらもワクワクしながら準備をするだろうし、その人が来たら“待ってました！”とばかりに笑顔で迎えるでしょう。その気持ちをお客様に対しても形にしていくのが君の仕事だよ、と。最初は接客用語がちょっと間違っていても、お客様の目を見て笑顔で接して、お客様が微笑んでくれたら、きっとこの仕事をやって良かったと思える。それをずっと続けていくことが、うちの店が接客する上で一番ベースにしているところです」。

接客の指針

新人も積極的に
チャレンジさせる

ヒッコリー
ファーム

お待ちどうさまでした
新人には
まず笑顔と
元気な挨拶に
集中して
もらう
OLD HICKORY

アルバイトをするのが初めての新人スタッフは、誰もができる「笑顔」と「元気なあいさつ」からスタート。さらに、お客への声かけにもトライしてもらい、店のスタッフになったことを実感させる。

家族の楽しい食事時間を

↓

子どもにも同じ笑顔で接客

同社のターゲット層は、創業時から今も変わらず、小さな子どものいるファミリー層である。「お子さま連れ歓迎の店」を形に表した最たるものが、各店で併設している**「絵本の国」と名付けたキッズルーム**だ。こうした店の造作をパッケージ化したことで、お客やスタッフに「子ども向けの店である」ことを共通認識させている。

そのほかに、**子ども用のトイレやオムツ替え用ベッドなども用意**している。しかし、ファミリーレストランのようにお子さまランチは用意していないし、子ども専用の「キッズメニュー」もない。それは「家族で楽しく、同じ料理を分け合って食べてほしい」というポリシーがあるため。料理は防腐剤や保存料などを使わず、家族みんなで安心して食べてもらえる手づくりのものを提供する。同時に、小さい頃から「本物を知ることが大切」という思いもあり、食器は陶磁器で揃えて、子どもに素材感を知ってもらうようにしている。

同店が、子ども客に対する関わり方として意識しているのは、大人と同じく笑顔で気さくに話しかけながら、できるだけ子どもの目線で接することを心がけるぐらいだという。

子ども客を想定したロールプレイングでシミュレーションを行うこともある。子どもこそ予想外のことがたくさん起こるお客であり、練習してもなかなか想定通りにいきにくいが、子ども連れのお客が来店したら、まずは、スタッフが入口で出迎えて子どもにも笑顔で声をかける。**大人だけに笑顔で対応するのではなく、子どもにも笑顔を向ける。**これで、親たちは喜んで「この店に来てよかった」と思ってもらえる。

同店は子ども客が多いというイメージが地元に根づいていることもあり、幼稚園の先生や看護師などを目指している人がアルバイトに応募してくるケースも多い。主婦も含め、子どもに慣れているスタッフは、客席でピザを切り分けながら「Aくんはピザが好き？」「マルゲリータっていう名前はどうしてついたか知ってる？」など、店側で教えなくても自然に会話を楽しんでいる。

しかし一方で、スタッフ全員がそこまでのスキルを持っていないことも事実。子どもと接する機会が少なく、慣れていないスタッフにはどう指導するのか。

「たとえば、敬語がうまく使えない高校生のアルバイトでも、小さな子ども

絵本を選ぶのもスタッフ各人で

各店に併設するキッズルーム「絵本の国」に置く絵本は、毎月、各店のアルバイトリーダーが順番に選ぶ。子ども客を迎えるという意識づけにつながる。

になら自然な笑顔で話しかけることができたりする。実はそれが、本当の意味での接客サービスにつながります。子どもはこちらが一生懸命に関わろうとしなかったら、こちらを向いてくれません。この一生懸命な関わりこそが、本当の意味でのお客様とのつながりだと思うんです。我々はそれをお子さまから学ぶことができる。だから、アルバイトには構えずに本当の笑顔で接し、積極的に関わるよう伝えています」と、統括マネジャーの鏡田泰教さんは話す。

また、**「まず子どもに興味を持たなければ、関わろうという気持ちやサー**

子どもと
同じ目線で
笑顔接客を
お腹いっぱいになった？

接客業の経験がない高校生のアルバイトスタッフにもできることとして、子ども客には目線を合わせ、本当の笑顔で関わるように教える。

ビス精神は生まれない」という発想から、アルバイトリーダーに取り組んでもらっていることがある。各店に併設された「絵本の国」に置く絵本を、各店のアルバイトリーダーに毎月交代で１冊選んでもらうことだ。各店のアルバイトリーダーが集まる「インストラクターミーティング」の際に、「私が子どもの頃に好きだった絵本」というように、お勧めの１冊を選んで発表してもらい、各店にその絵本を配置して「今月は○○店アルバイトリーダーのＡさんが選んだ本です」とスタッフに紹介する。こうすることで、間接的だが「子どもを迎えている」という意識づけをしている。

接客の指針

大人と同じく子どもにも一生懸命に関わる

様々な販促活動

↓

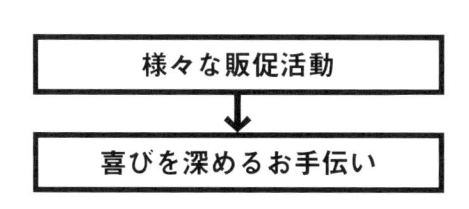

喜びを深めるお手伝い

同店は、家族の誕生日や記念日など会食の場として使われることも多い。そうしたニーズを高めるため、お祝いの席を盛り上げるサービスを用意している。

まず、誕生日を迎えたお子さまのお祝いには、**「キッズドリンクフリーパス」**をプレゼントする。これは、次回から来店の際に提示すると、キッズドリンク（りんご、グレープフルーツ、オレンジから１つ選べる）を１年間無料にするというもの。さらに１回来店するごとにスタンプを押し、１年間の間に６つのスタンプを貯めると、次の誕生会の際にバースディケーキをプレゼントするというサービスも。誕生日や記念日に店を思い出してもらうための取り組みで、「あとスタンプ１個で全部集まるんだ」と、嬉しそうにカードを手渡す子どももおり、家族連れに喜ばれている。

バースディケーキは自家製で、名前やメッセージが入ったものを用意。ロウソクを灯しながらスタッフがテーブルまで運び、みんなでハッピーバースティを合唱して祝う。調理スタッフも出てくるので、子どもは「コックさんが来た！」と大喜びする。普段、お客と接することが少ない調理スタッフがお客と会話できる貴重な機会にもなっている。

また、誕生会に限らず、入学や卒業、おじいちゃんやおばあちゃんの長寿のお祝いなど、記念日の来店にも積極的に声をかけ、デジタルカメラで記念写真を撮り、オリジナルカードをプレゼントする。写真はすぐさまプリントアウトしてカードに貼り、店からの手書きのメッセージも添える。こうしたシーンを見ていた他の客席から「実はうちの子も誕生日なんです」と申し出があった場合もすぐに対応するので、週末は客席の至る所で誕生会が始まり、店内はいつも以上に活気づく。「自分の子どもの誕生日にはここに来よう」

というアピール効果もある。

こうした記念日の演出にスムーズに対応できるよう、予約を受ける際に「何かお祝いのご予約でしょうか」という会話を入れるようにしている。電話予約の段階でお客のことをどれだけ知っておけるかによって、お迎えの段階から喜びを増やすこともできるからだ。あらかじめ誕生会だとわかっていれば、入口でドアを開けながら「こんにちは！今日はお誕生日おめでとう」という

子どもが喜ぶスタンプカードを

誕生日を迎えた子どもへ「キッズドリンクフリーパス」を進呈。ドリンク無料や、バースディケーキプレゼントの特典を付ける。他に、写真入りのオリジナルカードなども用意し、家族連れへの販促を強化する。

声かけができ、より一層、喜んでもらえる取り組みになる。

販促サービスの一環として、店舗ごとに毎月数回**「こどもピザ教室」**も開催している。これは10年以上前から行っている販促活動の一つで、店内でピザ生地をこねるところから始まり、具材をのせて焼き上げて試食まで、親子で体験できるというもの。粉の感触やオリーブオイルの香りを子どもたちが体感し、作る楽しみを知ってもらう「食育」効果とともに、店で一から手

思い出をつくる接客シーンづくり

バースディケーキを運んだ際には、調理スタッフも加わって、バースディソングを大合唱。子どもだけでなく大人にも喜んでもらえるサービスとなっており、調理スタッフにとってもお客と接する絶好の機会に。

づくりしていることを伝える手段にもなっている。平日のアイドルタイムを利用して開いており、幼稚園単位や子供会といった団体での参加も多く、毎回平均20組ぐらいの応募があるという盛況ぶりだ。子どもたちは店で用意するコック帽とキッチンコートをまとって作るので、みな大喜びで、毎回賑やかに盛り上がる。参加者が後日、店に食事に来るケースも多く、宣伝効果の高い取り組みとなっている。

また、毎週土曜日、日曜日、祝日には、各店舗でピザ職人による**「ピザショー」**も実施している。コック服を着たピザ職人が客席に出てきて、音楽に合わせてピザ生地を伸ばすなどの技術を披露する。

これらの取り組みは、**営業中は裏方として働く調理スタッフにとって、自分の技術を活かしながらお客に喜びを感じてもらう絶好の機会になる。**自分自身もお客から直接、大きな拍手という評価を頂くことで働く喜びを感じ、モチベーションアップにもつながっている。

接客の指針

販促サービスやイベントは お客の心に残るものを

新人には、まず仲間意識を
↓
「ありがとう」の仕掛け

同社で展開する５店舗の平均坪数は約50～60坪、80～100席の規模である。１店舗あたり社員２～３名、パート・アルバイト30名前後を配置し、昼間は店舗ごとに10名ほどいる主婦パートが活躍している。主婦パートの中には勤続年数が20年を超える人もおり、スタッフはベテランから高校生まで幅広い年代で構成されている。

朝は160ページの「笑顔の体操」とともに、意思の疎通を図るための朝礼を行う。まず、過去５年間のデータからはじき出した、その日の売上目標金額、そして来客予定数を発表し、来客予定数をベースにしてスタッフの行動予定を確認。お冷ややドリンクの準備など、パートやアルバイトたちが、予定数値(客数)に必要な準備や変更の提案をする。そして、予約の時間を確認し、今日の取り組み目標、おすすめメニューの目標数、タイムスケジュールを確認し合い、スムーズに行動できるよう準備を整える。

新人のアルバイトが入った際には、基本的には社員やアルバイトリーダーが指導するが、仕事を覚えたばかりの“少しだけ先輩”にも教える側に立ってもらい、ともに成長していくという方法も取り入れている。

新人スタッフが入ったとき、迎え入れるスタッフは「アルバイト初日から、新人スタッフにどれだけ仲間意識を持ってもらえるか」に取り組む。スタッフ全員が「みんなで新しく入る人を大事にしよう」という気持ちを持って迎え、「ありがとう」と積極的に声をかけられるシーンを作るようにしている。

前述の通り、同社では新人スタッフにも怖がらずどんどんお客様に声かけをしていくよう指導している。それは仕事に対しても同じで、どんどん自分で動いていこうと伝えている。

一方で迎えるスタッフ側は、**アルバイトの初日から「ありがとう」と感謝**

の言葉をかけられるような場面を意識してつくる。お客が入店してすぐに人数分のお冷やを自分から用意してくれた。皿やグラスを自ら一緒に片付けようと動いてくれた。それだけのことでも「ありがとう！助かった」と言われたら、新人スタッフは「私も仲間に入れるかも知れない」と思うはずだ。

「たとえば、働いた経験のない学生が“ヒッコリーで働きたい”といってアルバイトに来てくれる。その人は、受け身から働きかける正反対の立場になるので、我々はどれだけ早い時期に立場をチェンジさせてあげられるかを考えます。働くことの意義は、お金を稼ぐというだけでなく、人に働きかけることで返ってくる喜びや、ここで働いて良かったという喜びもある。それを早い時期に理解し、仲間の一員となってもらうために、“ありがとう”の取り組みがあるのです。そのために、我々スタッフ側の仕掛けとして、こんなことをやってもらったら“ありがとう”を言えるチャンスがあるね、ということをいくつかセッティングしておき、**25時間の研修の間にたくさんの“ありがとう”を体感してもらいます。**認められたと感じたら、自分の枠から飛び出してどんどん動き出せる人もいる。こうした体験は、いずれ社会に出たときにも大きなプラスになると思うのです」と、鏡田マネジャーは話す。

自分で動き出せる人になれば、今まで他のスタッフが思い浮かばなかったことに気づいて行動してくれたり、「私はこうすると喜ばれると思うんです」

接客の指針

新人を大事にする気持ちで
仲間として迎え入れる

ということが言えるようになったりする。上から指示された言葉でなく、自分の気持ちがこもった言葉が出たときに、まわりのスタッフは**「あ、その表現はすごくいいね。私も今度使ってみよう」**という会話も自然と出てくる。迎えたスタッフにも新しい気づきが生まれるし、新人スタッフには仲間としての自覚が芽生える。こうして「何のために」を守り、自分でコンセプトや目標に向かって動ける「ヒッコリースタイル」の接客ができるようになっていく。

新人には、
まず、
「ありがとう」と
言われる体験を
してもらう
ありがとう

新人の研修期間である25時間の間に、できるだけ多く「ありがとう」を言える仕掛けを作る。働く喜びを知り、仲間意識も芽生える。

ヒッコリーファーム

店舗間のつながりを親密化

↓

各店の活動を閲覧可能に

計５店舗を展開する同社では、各店の接客レベルを維持するため、店舗間のつながりをどのようにつくっているのだろうか。

基本的なコミュニケーションツールの体系は、

①店舗ごとのスタッフミーティングと誕生会

②各店舗のアルバイトリーダーが集まるインストラクターミーティング

③各店舗の社員とリーダークラスが集まる全体会議

この３つで、それぞれ毎月１回の割合で行っている。

①の店舗ごとのスタッフミーティングは、全員が集まれる時間帯はなかなかつくれないため、勤務時間別やセクション別などに分かれ、なるべく無理のない範囲で行うようにしている。

その他、１～２ヵ月に１回の割合で、店ごとにスタッフの誕生日を祝う「誕生会」を実施。誕生日を迎えたスタッフを囲んで営業時間中に各店舗で行う食事会で、基本的には会費制にしているが、会社も食事代を補助している。スタッフ間の交流を図る会だが、会話は自然と店の話になり、ミーティングや新メニューの試食会も兼ねることにもなる。アルバイトは「ミーティング」というと行きづらくなるものだが、「仲間のお祝いだから」というと参加率も高まる。店のメニューを食べながら、他のスタッフの意見が聞けることでセールストークの幅が増えたり、新人スタッフのサービングの練習の機会になったりもする。また、お客様体験ができるのもメリットで、客席に座って食事をすることで「ここに座る人はスタッフに声が届きづらいな」「黒板が見えにくいな」といった、働く側にはわからない気づきにもつながる。

②のインストラクターミーティング、③の全体会議は、コミュニケーションを大切にし、全店共通の場として各店舗の代表が集まる場が必要だと考え

販促活動をポイントで評価

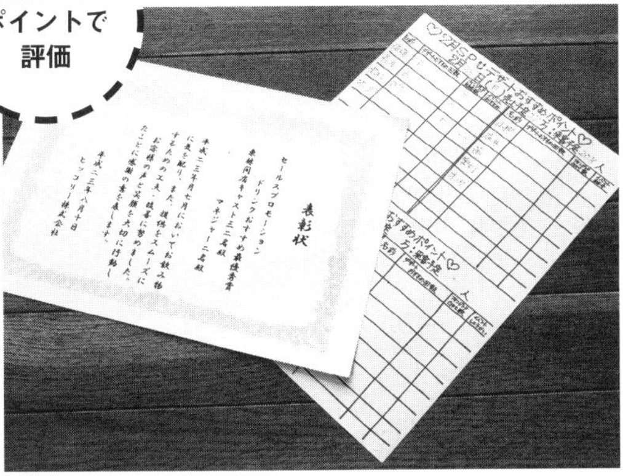

全店で取り組む「セールスプロモーション」。「ありがとうポイント」などテーマを決め、言われた数を各店で競い合う。トップの店には、社長から賞状が手渡される。

販促の取り組み、記録を全店で共有

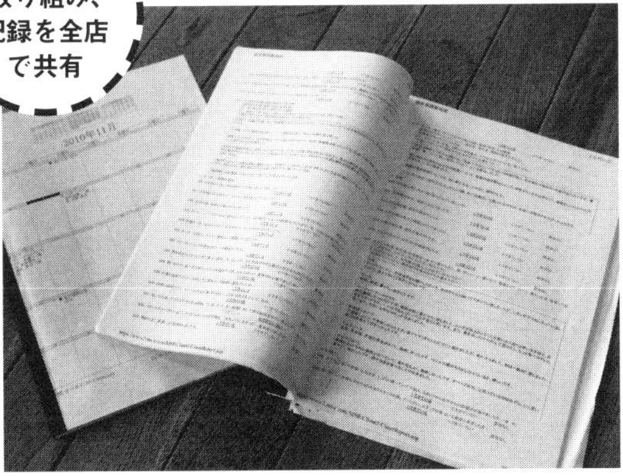

「オープンサポートファイル」は、各店での活動記録を月ごとにファイリングしたもの。全店で閲覧できるようにすることで、競争心のアップにつなげている。

て始めたものだ。

インストラクターミーティングでは、各店舗のアルバイトリーダーが集まって情報交換をする。リーダーは大学生も多く、平日午後のアイドルタイムに設定する。毎月、継続して集まる機会を設けることで、「この一ヶ月はこんなことができた」という発表ができたり、「A店は売上がアップしたけれど、どんな取り組みをしたの？」と聞いたりもできる。そこで得た情報を各店に持ち帰って、スタッフみんなに伝える役割も担っており、責任感の強いリーダーが次々と育っているという。

横のパイプを太くするための取り組みとしては、全店で毎月**「セールスプロモーション」**というものを行っている。月ごとにお客に喜んでもらうための共通テーマを決め、ポイント制を導入して全店で競い合う。たとえば、「おいしかったポイント」「ありがとうポイント」などをテーマにし、個々のスタッフが「お客においしかったと言われた」、あるいは「ありがとうと喜ばれた」数をカウントしていく。「今日はポイントが多かったね、きっとこういうところが良かったんだね」という振り返りができることもあれば、逆に「今日はポイントが少なかったね」という日は店全体に活気がなく、次にお客に喜んでもらうにはどうしたらいいか、各店のミーティングの際の反省材料にもなることもある。

この取り組みは、お客に喜んでもらうための働きかけがどのように受け入れられたかを評価制度にするとともに、店の活性化を全店規模で計っていくのが主旨。お客に喜ばれた瞬間は本人にしかわからないので、ポイントは厳密にカウントしていくものではなく、自己申告制にしている。テーマを意識しながら動き、自分の手で数を書き込んでいくことで、「今日はこれだけできた」ということが十分に実感できる。

ポイントは店ごとに毎月集計し、一番ポイント数の多かった店は、全体会議の際に社長から表彰される。若いアルバイトの中にはゲーム感覚で楽しみながらトライしている光景も見られ、自分自身の達成感やスタッフ間の志気を上げることにもつながっている。

また、店の通り組みを全店に伝えると共に、今後の営業にも活かせるよう、毎月**「オープンサポートファイル」**という冊子を作成している。販促の取り組みを写真付きでファイルするほか、ミーティングの議事録、表彰状のコピー、覆面調査の結果をグラフにしたものなど、全店の１ヵ月のあらゆる活動記録を１冊にまとめ、全店のマネジャー会議の際に配る。表紙にはスケジュールカレンダーが貼ってあり、イベントなどの予定のほか、スタッフの誕生日なども記載されている。このファイルを全店に配って読ませることで競争心を生み、目標設定にも活かせるアイテムとなっている。

接客の指針

各店舗の情報を開示して全店での活性化を図る

×こうしなさい

↓

〇こうありたい

「うちがやっている接客サービスは、実は創業時とほとんど同じです。店舗数やスタッフの数が増えた今でも、“お客様に喜んでもらいたい”という思いをずっと持ち続けていますし、料理の味に流行すたりはあっても、その思いに変わりはない。それがお客様にとって安心感につながっていると感じますし、その思いがなければ35年間も続けて来られなかったことでしょう」と、鏡田マネジャーは振り返る。

元気よく大きな声で「いらっしゃいませ！」と迎えられても、「本当に歓迎してくれているのかな？」と感じるときもある。逆に、小さな声でもステキな笑顔で自分のために「いらっしゃいませ」と言ってくれたら、「この店に来て良かった」と思ってもらえるかも知れない。「形よりもハート」というのが、長年同じスタイルで接客を続けてきて実感したことだ。

ただし、ハートを持っていても、それをお客に対して表現できなければ意味がない。そこで、メニューの勧め方や積極的な声かけなどの工夫や、「キッズドリンクフリーパス」や「セールスプロモーション」といった具体的な取り組みが生まれ、お客が喜ぶ機会を増やしてきた。

スタッフには「こうやって接客しなさい」ではなく、**「こういう店でありたいね」という伝え方**をする。「今の言葉は間違っているよ」ではなく「今の言葉でお客様は喜んだかな？」と問いかけて各自に考えさせるのが、創業時から変わることのない、接客に対する基本方針だ。現在もなお、自分の気持ちをお客にどう伝えるか、もっといい方法はないか、スタッフ全員で日々追求しているという。

接客の指針

共に考えながら目標へ導く

ヒッコリーファーム

ヒッコリーファーム 登戸店

住所：神奈川県川崎市多摩区登戸3253
TEL：044-900-1727
営業:11時〜22時30分(ラストオーダー22時)
無休

オールドヒッコリー 東林間店

住所：神奈川県相模原市南区東林間4-7-3
TEL：042-749-0172
営業:11時〜22時30分(ラストオーダー22時)
無休

オールドヒッコリー 町田境川店

住所：東京都町田市木曽西1-2-32
TEL：042-794-2188
営業：11時〜23時(ラストオーダー22時)
無休

オールドヒッコリー 大和桜ヶ丘店

住所：神奈川県大和市上和田1770-1
TEL：046-279-3533
営業:11時〜23時30分(ラストオーダー23時)
無休

オールドヒッコリー 平塚河内店

住所：神奈川県平塚市河内131-1
TEL：0463-37-3330
営業:11時〜22時30分(ラストオーダー22時)
無休

ホームページ：http://www.hickory.co.jp

ホルモン焼肉 薩摩 丹田

仕事の流れを分析し、接客力のレベルアップ。

ホルモン
焼肉
薩摩 丹田

オーダーされた品を提供した後、
つまり、お客様の滞席時間の「後半」に、
接客サービスで好印象を与える場面が
いくつもあるのが焼肉店。
作業の流れ、接客場面を分析し、『丹田』は
接客サービスで差別化に成功している。

牛肉の生産から加工、卸しを行なっているカミチクグループは、東京で『ホルモン焼肉　薩摩　丹田』２店舗、『薩摩　牛の蔵』４店舗という焼肉業態６店舗の経営も行なっている。どちらの業態でも、直営の鹿児島「錦江ファーム」から直送する黒毛和牛を売り物にし、「安全で高品質」なお値打ち価格のメニューが評判だ。さらに同グループでは、人材育成や接客のコンサルティングを手掛ける㈱アンドワークスがあり、接客力の面でも魅力アップを推進。同社でコンサルタントとして活躍する片出えみ氏が、2011年より『丹田』代々木店の店長も務め、現場に立ちつつ指導を行なっている。

「ハウスルール」を徹底

↓

店の風土を築き上げる

同社では店舗理念のマニュアルとして「ハウスルール」という名前の小冊子を作っている。

これは「①働く目的　②店舗理念　③６大行動規範　④挨拶、礼儀　⑤薩摩　丹田　心掛け11カ条　⑥キッチン心掛け３カ条　⑦メニューに関する約束事　⑧身だしなみ　⑨勤務　⑩禁止事項　⑪苦情処理」という11項目からなるもので、同社で働く上での心構えから、行なうべき行動を分かりやすくまとめたもの。

例えば、⑤の「心掛け　11カ条」の中には「網の交換は言われる前に必ず行なえ」、「おしぼりは必ず交換しろ、食後のお茶、お冷は必ず提供しろ」等、接客サービスにおける基本的な行動規範が書かれている。

「ハウスルールに書かれていることを当然だと思うように指導しています。“忙しかったから出来なかった”という言い訳はさせない。これを当然と思っている集団に入ることで、新人もその色に染まります」と店長の片出えみ氏。

まず既存の社員やベテランアルバイトから教育し、**店の風土として「ハウスルール」を徹底しておくことで数的優位状態を築く。**そこに新人が入ってきても自然と店のルールに従うようになり、秩序が保たれるのだという。

アルバイト希望者と面接する場合、まずこの「ハウスルール」を読んでもらい、「これでも大丈夫ですか?」と確認した上で採用する。アルバイトでも、最初の意思共有が出来る人だけを雇い入れることで、接客レベルを一定に保っているのだ。

服装規定等も細かく定め、例えば「なぜピアスはダメなのですか」と聞かれたら、「ハウスルールだから」ということで納得させる。さらに**入社後も読み返すように指導し、朝礼の時に声出しをしながら読み上げる等、常時「ハウスルール」を意識させている。**

接客の指針

採用の入り口から
接客教育を開始する

ホルモン
焼肉
薩摩 丹田

予約から見送りまで分析

↓

物語仕立てでシュミレーション

「焼くのはお客様で、注文の品を運ぶ作業ばかりに気を取られがちなのが焼肉店。だから、接客サービスが良いと感じてもらえる焼肉店は少ない。本当は接客サービスが重要な業種なのに」という片出氏。

焼肉店では焼肉や一品料理など複数の料理が注文されるため、客席に商品を運ぶ回数が飲食店の中でも多いほうだ。さらにドリンクの注文比率、追加注文率も高く、網の交換等もあるため、接客スタッフがテーブルに通う頻度が高くなる。この**お客様と接する機会の多さが、接客サービス面で大きなチャンスにもなるのだ。**

焼肉店の接客を場面で分析

- SCENE 1 電話(予約、問い合わせ等)
- SCENE 2 入店(お出迎え)
- SCENE 3 席へのご案内
- SCENE 4 着席
- SCENE 5 おしぼりの提供(担当者の挨拶)
- SCENE 6 ドリンクオーダー
- SCENE 7 ドリンク提供
- SCENE 8 料理オーダー
- SCENE 9 テーブルセット(焼肉のタレ等)
- SCENE10 料理提供
- SCENE11 灰皿交換

2回目以降のお客様には、予約ノートのところに「R」と書きこんで、他のスタッフが見てもわかるようにしている。

たばこの吸い殻3本を目安に交換

『丹田』では、**接客サービスの流れをストーリー仕立てでシーンごとにある程度マニュアル化し、教育している。**実践形式で教えることで、アルバイトスタッフでも理解しやすく、実際のシーンにもすぐ対応出来るようになるという。シーンは、１～22まで分けている。

まず「SCENE1　電話(予約等)」は、電話の受け答えから始まる。「場所はお分かりになりますか」等と聞いて新規かリピーターかをチェックし、その情報を朝礼時等に共有する。そして常連かどうかで接客サービスの内容を変えるのである。

塩からタレ等、味付けが変わった時を中心に、１ゲスト２回以上は網の交換をする。

火を切る場面では、「お腹いっぱいになりましたか」と声をかけやすい。

SCENE12 中間バッシング

SCENE13 網の交換

SCENE14 追加オーダー(呼ばれた時)

SCENE15 トイレのご案内

SCENE16 お客様と店内ですれ違う

SCENE17 おしぼり交換

SCENE18 火を切る(七輪を下げる)

SCENE19 食後のお茶

SCENE20 退席

SCENE21 お会計

SCENE22 お見送り

ご飯ものが出た位で、２度目のおしぼりを提供。その際１回目の使用済みおしぼりを引き上げる。おしぼりの色を変えているので、取り替えたかどうかの確認がしやすい。

また、「今から行きたいんですが、大丈夫ですか」という問い合わせの電話に対して、万一満席の場合でも、「只今満席です。申し訳ありません」と一方的に断ってしまうのではなく、臨機応変な対応をとるように提案。例えば「いまは満席なのですが、30分ぐらい見ていただければ席が空きそうです。その時にお電話さし上げることも出来ますが、いかがでしょうか」といった対処法もあると教え、**せっかく問い合わせてくれたお客様を大事にするようにと指導を行なう。**もちろん、そういう対応ができるには、電話を受ける人が、店内の各テーブルの状況を把握できなくてはならないので、店内を見渡せる位置に電話を置いている。

その後も「SCENE 2　入店」から「SCENE22　お見送り」まで、細かくシーンを設定し、対応法をシュミレーションしていく。

接客サービスの“前半”は、お客様もお腹が空いているので、とにかくスピードが重視される。ここで細かな商品の説明をしていても聞いてもらえないことが多いため、接客トークにもコツが必要になる。例えば同店では、スタッフが焼き上げるメニューを設定し、作業しながら自然に店の特徴を説明している（P 208 ～詳細を紹介）。

ひと通りドリンクや料理の提供が終わると、接客サービスの“後半”に移る。通常の焼肉店では、最初の注文の品を出したところで一段落し、お客様から注意をそらしがちだが、片出氏は「実はここからが勝負」なのだという。

“前半”ではとにかく早く出す必要があったが、ここからは「灰皿交換」や「網の交換」「火を切る」等、ある程度時間に融通が利く。また、**これらは他の焼肉店がそれほど気遣いしていない場面のため、ひと工夫することで“気がきいている店だ”という印象を持たれやすいのだ。**

例えば「灰皿の交換」の場面では、吸い殻が３本程度で交換。さらにテーブルを見渡して、箸袋やおしぼりの袋、ストローの袋等ちょっとしたゴミも一緒に片付ける。お客様の側も、そういった動作を気づかいとして見てくれる余裕が出て寛いでいる時ので、印象にも残りやすく、満足度アップへとつながるのである。

「網の交換」は、１ゲストあたり２回以上を設定。「網を交換しましょうか」とこまめに声をかけることで好印象を与えている。そこから会話のきっかけも生まれる。

おしぼりは、最初に冷たいおしぼりを渡し、ご飯ものが出たあたりで温かいおしぼりと交換する。気のきいた接客を印象付けるとともに、この場面でも会話が生まれやすい。

さらに「SCENE19　食後のお茶」では、攻めの接客を実施。同店では、鹿児島名産の「びわ茶」とお茶受けの黒糖を出す。その際に、「鹿児島産のびわ茶です。これを飲むとすっきりして、明日も焼肉食べられます」等と一言添える。この一言で軽い笑いも誘いながら、同店が鹿児島産の食材を使っている店であることをアピールして印象に残す。**最後のほうの接客場面で、改めて出どころのしっかりした食材を使っているという安心感や、他店との差別化を与えているのである。**

接客の指針

シーンごとに接客のポイントを教育

ホルモン
焼肉
薩摩 丹田

店の印象づくりを重視
↓
出迎えと見送りに特徴を

接客サービスの中でも『丹田』で最も重視しているのは、最初と最後の「お出迎え」と「お見送り」のシーンである。

まず「お出迎え」では、お客様が入口付近に来たら、スタッフが素早く扉を開けて「いらっしゃいませ」と出迎える。そしてその他のスタッフも一瞬動作を止め、来店客へ向かって「いらっしゃいませ」と声を揃えて歓迎を表す。この出迎えのためには、随時入口付近の気配をうかがっている必要があるが、“迎え入れてもらった”という好印象が大きなプラスポイントになり、その後の接客も好意的に受け取ってもらいやすくなる。

そして「お見送り」のシーンでは、スタッフが扉を開けてお客様を外へと

来店時には、お客様が扉を開ける前にスタッフが扉を開けて「いらっしゃいませ」と出迎える。その際には他のホールスタッフも「いらっしゃいませ」と連動して唱和する。

送り出す。そしてスタッフも店の外に出て見送る。さらに、お客様が店の前の道路に出て曲がった瞬間、振り返っても店の入口が見えない場所まで歩いた瞬間に、声をそろえて「ありがとうございました」と元気な声をかけて見送る。振り返ってもスタッフは見えない。元気な声とともに、この面白い体験によって店のことが印象に残りやすい。

ただ、この時に大事になるのがスタッフの連携だ。お見送りにかかる時間は２，３分程だが、ピーク時に店外に出る行為は、かなりの手間と感じられ、ついつい省略したくなってしまう。そこで“外までのお見送りは必ず行なうこと”とルール付けしておく。

さらに**お見送りするスタッフは手を挙げ、他のスタッフに向かって「お見送りに行ってきます」とひと声かけるように決めている。**こうすることで残りのスタッフに”１人抜けても２，３分頑張ろう“という覚悟を付けさせるのである。残ったスタッフは「いってらっしゃい」と返答し、“チームでこの時間を乗り切る”という連帯感で頑張ってもらう。ほんのひと工夫だが、習慣づけていくとスムーズに事が運び、大きな力につながっていく。

接客の指針

周りのスタッフの協力体制で出迎え・お見送りをスムーズに

ホルモン
焼肉
薩摩 丹田

お客様が見え
なくなるときに
「ありがとうご
ざいました」

お見送りの際には、出来るだけ多くのスタッフが店の外まで出てお見送りする。さらにそのまま見送りを続け、お客様が角を曲がるところで、「ありがとうございました」と声をかけることで、お客様の記憶にサービスのよさが残る。

**チーム
ワークで
お見送り**

お見送りの際には、他のホールスタッフのフォローが重要。お見送りに行くスタッフが手を挙げ、店内に残るスタッフに合図。後を任せるという意味を込めて「お見送り行ってきます」と呼びかける。残ったスタッフは「いってらっしゃい」と返答し、気合いを入れてスタッフ数の少ない店内をフォローする。

アルバイトを即戦力に
↓
覚えやすい法則集を

接客サービスにおいて、主力となるのはアルバイトスタッフであることが多い。『丹田』では、経験の浅いアルバイトスタッフでも、すぐに即戦力の優秀なスタッフとして働けるように、いくつかの“法則”を教えている。

ドリンク等を提供する際に用いるのが、**「放物線の法則」。**単にすっと直線的に渡すのではなく、放物線を描くような動作で提供することで、お客様に丁寧な感じを与えることが出来るのだ。ファーストドリンクの提供時などは、お客様に大きな印象を与える。そんな時にこの「放物線の法則」を実行すると、“丁寧な接客の店だなあ”と記憶してもらえるのである。

また、笑顔の接客サービスを効果的に行なうためには、**「笑顔でワン・ツーの法則」**がある。これは、お客様に呼ばれてテーブルの横に立った瞬間に、右・左と顔を動かし、両側のお客様に対して続けてにこっと微笑みかける動作のこと。右・左と素早く顔を動かす動作が、ちょうどワン・ツーというタイミングに重なることから名付けたものだ。お客様に対して感じよい印象を与え、スタッフ自身も一瞬で落ち着くことができる。ピーク時等に小走りでテーブルに向った時にも、この「ワン・ツー」の動作を入れると一呼吸入って冷静になり、粗い接客を防ぐことができるのだ。トレーニングの際には、「ワン・ツー」と声を出しつつ、にっこりと笑う練習を行なう。

忙しい際の電話対応で有効なのが、**「ウナズキの法則」**だ。バタバタしている時に電話が鳴り、走り寄って慌てて出ると、店の慌ただしさやスタッフのあせりが電話からも伝わってしまいがち。予約を逃がすことにもつながりかねない。そこで、電話まで走ったら、出る前に一度ウナズキ、それから電話に出るのである。こうすることで不思議と気持ちが落ち着き、電話対応が丁寧にできるようになるという。時間にすればほんの一秒程のことで、ロス

ドリンクの
放物線の
法則

ドリンクを提供する際には、直線的にではなく、放射線を描くような曲線的な動作で置くように徹底。お客様により丁寧な印象を与えることができる。

笑顔でワン・ツーの法則

お客様に呼ばれて客席の横に立った場合、両側にいるお客様に向けて、右、左と素早く顔を動かしながら、両方ににこっと笑いかける。“ワン・ツー”というタイミングがぴったり合うので、「笑顔でワン・ツーの法則」と名付けている。この動作を行なうことで、お客様に好印象を与え、スタッフ自身にも落ち着く効果がある。

電話での
ウナヅキの
法則

営業中に電話に出る時は、どうしても忙しくてあせりがちになる。走り込んで出ることも多いが、その際ひと呼吸置いてまず一度うなずく。この動作をすることで気持ちが落ち着き、冷静に電話対応ができる。

ホルモン
焼肉
薩摩 丹田

掃除の
ギンギラギン
の法則

焼肉店に置いて、ロースター周りのステンレス部分がテーブルで最も目につき、汚れが気になる部分。そこでテーブルを片づける際には、特にこの部分をピカピカに磨き上げて「ギンギラギン」に仕上げるようにと心掛けている。

も少ない。

掃除の際には、**「ギンギラギンの法則」**がある。焼肉店では、ロースターまわりのステンレス部分が目につき、油汚れが気になってしまいがち。しかし逆にそこを特にきれいにしておけば、お客様にクリーンな印象を与えることができるのだ。そこで同店では、テーブルの片付けの際にこの法則を心掛け、ステンレス部分をピカピカに磨き上げるようにしているのである。

接客の指針

**覚えやすいユニークな法則で
お客様への印象を効果的にアップ**

自然な言葉を使いで接客

↓

接客を上達させる名物開発

ここまでの解説では、マニュアル的なものが充実している印象のある『丹田』の接客サービス。しかし実はそれは基本部分のみで、細部はそれぞれのスタッフに任されている。

「スタッフにより年齢もかなり異なるのだから、同じ言葉づかいでもお客様の印象は違います」(片出氏)と、特にトークの部分はかなり自由に任せている。失敗することもあるが、「カジュアルなお店なので、ごめんなさいで大丈夫。笑顔と愛きょう、失敗したら誤ればよい」と片出氏。

接客をからめたメニュー開発

「代々木ビックリブロース」1029円は、効果的に接客するために開発したメニュー。焼く方法やトーク等も決まっていて、必ずスタッフが客席で焼き上げる。まずリブロース1枚肉が４つの部位に分かれることを説明し、４つの部位に切り分けていく。

切り分けた部位の中で、「リブシン」を残して皿に戻し「リブシン」から焼いていく。「一番おいしい部分のリブ芯から焼いていきます。リブシンはサーロインの横にあるやわらかい部位で、ステーキで使われるいい部分です」等と説明。

それぞれの言葉で話す時の判断基準は、「その言葉が心地よいかどうか」に置かれている。例えば「追加いかがですか」ではなく、「お腹いっぱいになりましたか？」と聞く方が心地よく響く。盛りあがっている席でグラスが空いていた時も、「飲まれますか？しゃべったらのどが渇きますよね」と自然に話しかけていく。

「いかに普通の感覚にしてあげられるかが大事。追加オーダーを取らなければ、客単価上げなければと思うときつくなってくる。当たり前のことを気取

ここは、一番やわらかい
ところです

「リブシンは一番やわらかいところです。ひと口目はそのまま食べて下さい」等と食べ方も説明しつつ、一部位ずつ焼いて、お客様の皿にのせていく。

餌からこだわった
牛なので、
脂が甘いんです

「リブカブリ」を焼く際には、「脂の多い部位ですが、脂は牛の食べているもので良し悪しが決まります。うちでは鹿児島の錦江ファームで育てられた牛をお出ししているのですが、餌から一貫生産で作っているので、脂が甘いんですよ」等と説明。自店の牛の特徴までアピールする。

らず、頭でっかちにならないようにしようと言っています」(片出氏)。短期間の営業ではなく、常連客をじっくりと育て、長期にわたる繁盛を目指しているのだ。

この考え方を元にして、『丹田』代々木店では、メニューづくりにも接客サービスをからめることで、よりインパクトの強い商品開発を進めている。

名物メニューを目指し2012年1月から提供を開始した「代々木ビックリブロース」1029円は、そのひとつ。早くも注文率50％を超える人気となっている。このメニューは、鉄板からあふれんばかりの大ぶりのリブロース肉で、150g強の1枚肉の状態で提供する。そのインパクトに加え、スタッフが客席で焼き上げる提供法とそのときの接客トークが好評なのだ。

担当スタッフは、「代々木ビックリブロース」を客席に運ぶとき、**「リブロース焼いてきます」と周りのスタッフに声をかけて出発する。**199ページの「お見送り」のときと同様で、そのスタッフが1つのテーブルにしばらくかかりっきりになることを周りに宣言することで、その間、気配りする範囲を広げる覚悟をしてもらう。

大きな1枚のリブロースは、鉄板の上に置いて、まず、その大きさを改めて見てもらい、「リブシン、リブマキ、リブカブリ、ナカオチ」と呼ぶ4つの部位に切り分ける。それを一度皿の上に戻す。

次は、部位ごとに、①リブシン②リブマキ③リブカブリ④ナカオチの順に焼き上げ、一部位ずつ食べていってもらう。

ホルモン
焼肉
薩摩 丹田

鹿児島こてダレ
になります
タレで
接客場面を
増やす

鹿児島産の生ダレ「鹿児島こてダレ」を、「和牛ロース」483円等を提供時に一緒に提供。要冷蔵なので卓上に置くことができないところから生まれたひと手間だが、お客様へのアピールポイントでもあり、お客様に対して留意するきっかけにもなる。

このときに説明を添える。例えば①リブシンだと「リブシンは一番おいしいところなので、まずは何もつけずにそのままお召し上がりください」などとスタッフが接客トークを加えつつ焼くのがポイント。

また、脂の多い③リブカブリのところでは、「脂が一番多い部分ですが、脂の良し悪しは牛の食べているもので決まるんです。(『丹田』で提供している牛の産地である)錦江ファームは、餌からこだわっているので、脂が甘いんですよ」という風に、同店全体の特徴を上手に織り交ぜながら解説していく。単品として商品力が高いだけでなく、店について深く知ってもらうためのアイテムにもなっているのだ。

これらの接客トークの言葉は、**いくつかの主要キーワードだけを決めて、他はそれぞれの自由に任せている。**

主要キーワードは、「一番やわらかい」、「さっぱりしている」等。皆で実際に焼いて食べてみて、浮かんできた単語をキーワードにした。

「○○やってね、ではなく、どうやったら一番おいしいと思う？やってみようか、といって、スタッフさんにやってもらうことが大事です。言われたことより、自分で言ったことをやる方が気持ちがいいものです」と片出氏。スタッフ達から生まれた“生きている言葉”の数々が、実感となってお客様の食欲と好奇心をそそる。

一連のトークは、すべて焼き上がるまで4分以内が目安。盛りあがってくるともっとしゃべりたくなるものだが、それでは他に手が回らなくなるし、お客様も邪魔に感じてしまうことがあるため、4分以内に限っている。スタッフの負担が大きいメニューだが、注文が入ると「これからリブ焼いてきます」等スタッフ同士で声をかけ合って連帯し、他の接客作業に支障がでないようにしている。

「代々木ビックリブロース」は、焼き上がりと接客トークを主任がチェックし、ＯＫが出たスタッフのみ担当させている。販売開始一カ月程前から特訓をして準備し、多くのスタッフが4分以内で焼けるようになった。このトレーニングの際には、ストップウォッチを使い、タイムの計測を繰り返した。時間内に収めるため、トークの言葉もそれぞれ磨き上げていき、よりすばらしい接客トークへとつながったという。

合格者には、認定書替わりに名刺を作らせる。これはお客様に配ってもよいし、ただ持っているだけでもよい。強制はしないものの、自然な流れで名刺交換するスタッフも出てきている。

「お客様の前で一回焼くと自信ができて、後は経験を積むごとに上手になっていきます」と片出氏。「代々木ビックリブロース」を通して、スタッフの接客力アップにもつなげているのである。

また、**「和牛ロース」も、接客サービスとからめて魅力アップさせている人気商品だ。**同店の「和牛ロース」（もも肉使用とメニュー表に明記）４８３円は、鹿児島産の甘口醤油をベースにした「鹿児島こてダレ」との相性がよい。しかし、「鹿児島こてダレ」は、要冷蔵のため卓上に置いておけない。他のメニューに合わせるには濃すぎる味わいなので、お客様が「和牛ロース」を焼き出すタイミングで提供するのが一番。つまりスタッフは、食べる状況を見ながら、このタレを客席に運んだり冷蔵庫に戻したりする必要があるのだ。これは一見手間に見えるものの、スタッフはよりお客様の状況に留意せざるをえなくなり、結果として店全体の接客サービスも向上した。メニューの随所に、こういった仕掛けをつくっている。

焼肉店の接客サービスにおいて、“早く提供する”という目標は分かりやすく、努力もしやすい。しかし“出したら終わり”になりがちで、最後までお客様のことを見ていない場合も多いだろう。その点『丹田』では、**“必ずお客様を最後まで見ていなくてはいけない”**という接客サービスの“環境”づくりを行なっているのだ。

接客の指針

**メニューの中にも
接客につなげる仕掛けを用意**

接客サービスの効率化

↓

スタッフの満足＝お客様の満足

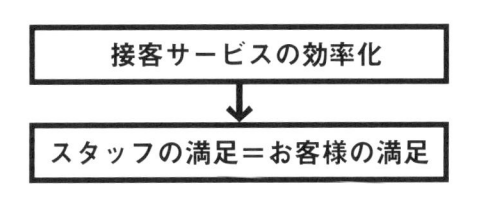

「接客サービスに力を入れようというと、“大変だ”と言われますが、そうすることで自分たち（スタッフ）も助かるのです」と片出氏。

例えば、注文をとった際等にこまめにバッシングをしておくと、回転率も早くなり、自分たちも早く帰れる。ここで器を後に残しておいても、作業量は同じで、余計に足を運ばなくてはならないだけなのだ。

また、ドリンクのオーダーを一早く聞きに行くとする。これも自分側のペースで動けるので楽になる。お客様に手を挙げて呼ばれてからでは、他の作業を中断して向かわなくてはいけないからだ。おしぼりを交換する際にも、「お下げします」と声をかければ、お客様側も汚れた皿を渡してくれたりして楽になる——。**「お客様に喜んでもらおうと思って行動すると、何もかも楽になる」**と片出氏。

スタッフにも、「早く帰りたいよね。でもお客様に最後まで楽しんでいってもらいたいよね。それを両立できるのが、接客サービスの強化なんだよ」と教えているという。スタッフが気持ちよく接客できるように心掛けることで、スタッフ満足度、ひいては顧客満足度アップを実現しているのである。

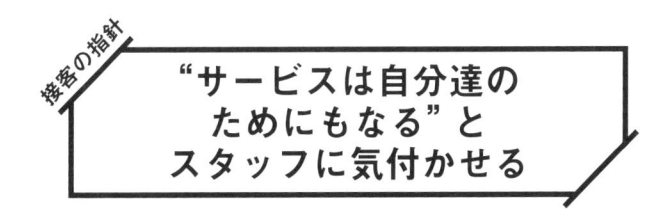

接客の指針

“サービスは自分達のためにもなる”とスタッフに気付かせる

株式会社アンドワークスの直営店舗

ホルモン焼肉 薩摩 丹田 代々木店

住所：東京都渋谷区千駄ヶ谷５-21-12
代々木リビン１階
TEL：03-6380-6203
営業：ランチ月曜日～金曜日（祝日はランチなし）11時30分～15時（ラストオーダー14時30分）、ディナー　月曜日～金曜日17時～23時（ラストオーダー22時30分）　土曜日・日曜日・祝日16時30分～23時（ラストオーダー22時30分）
年中無休

ホルモン焼肉 薩摩 丹田 門前仲町店

住所：東京都江東区門前仲町２-６-５
TEL：03-5639-0244
営業：ランチ月曜日～金曜日（祝日はランチなし）11時30分～14時30分（ラストオーダー14時）、ディナー　月曜日～金曜日17時～23時30分（ラストオーダー22時30分）　土曜日・日曜日・祝日17時～23時30分（ラストオーダー22時30分）
年中無休

薩摩 牛の蔵 広尾店

住所：東京都港区南青山7-13-13
BULLSビル１階
TEL：03-5766-7566
営業：ランチ月曜日～金曜日（祝日はランチなし）11時30分～14時30分（ラストオーダー14時）、ディナー　月曜日～金曜日17時～23時（ラストオーダー22時30分）　土曜日・日曜日・祝日16時30分～23時（ラストオーダー22時30分）
年中無休

薩摩 牛の蔵 赤坂店

住所：東京都港区赤坂７-９-１
トーユー赤坂ビルＢ１
TE：03-5573-9062
営業：月曜日～土曜日17時～翌3時（ラストオーダー2時30分）　日曜日17時～23時（ラストオーダー22時30分）
年中無休

薩摩 牛の蔵 大門店

住所：東京都港区浜松町１-28-13
ムーンストリート大門5階
TEL：03-5777-2567
営業：ランチ月曜日～金曜日（祝日はランチなし）11時30分～14時30分（ラストオーダー14時）、ディナー　月曜日～金曜日17時～23時（ラストオーダー22時30分）　土曜日・日曜日・祝日17時～22時30分（ラストオーダー22時30分）
年中無休

薩摩 牛の蔵 吉祥寺店

住所：東京都武蔵野市吉祥寺本町2-16-18
リベストフォーラム1ビル地下１階
TEL：0422-28-2029
営業：平日16時～23時（ラストオーダー22時30分）、土曜日・日曜日・祝日11時30分～23時（ラストオーダー22時30分）
年中無休

いつもお客が集まる
飲食店が実行している
接客サービス

発行日　平成24年6月9日　初版発行

編　者　旭屋出版編集部編《あさひやしゅっぱんへんしゅうぶへん》
発行者　早嶋　茂
制作者　永瀬正人
発行所　株式会社旭屋出版
〒107-0052　東京都港区赤坂1-7-19キャピタル赤坂ビル8階

郵便振替　00150-1-19572

電話　03-3560-9065(販売)
03-3560-9062(広告)
03-3560-9066(編集)
FAX　03-3560-9071(販売)

旭屋出版ホームページ　http://www.asahiya-jp.com

●撮影　後藤弘行　曽我浩一郎(旭屋出版)　川井裕一郎　間宮博　東谷幸一
●デザイン　冨川幸雄(スタジオフリーウェイ)
●編集・取材　井上久尚　大畑加代子　佐藤良子　三上恵子
●印刷・製本　株式会社シナノ

※定価はカバーにあります。

ISBN978-4-7511-0978-6　C2034